SALINS

PENDANT LA GUERRE EN 1871

SALINS

PENDANT LA GUERRE EN 1871

SUIVI D'UN

ÉPISODE DU FORT DE JOUX

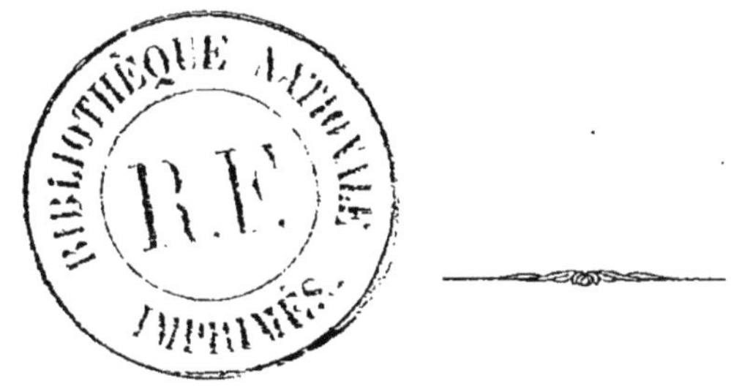

SALINS

IMPRIMERIE, LITHOGRAPHIE ET LIBRAIRIE BILLET

77, GRAND'RUE DU BOURG-DESSUS, 77

1871.

Dans la guerre malheureuse que la France vient de subir, Salins a eu la chance d'échapper à l'occupation allemande.

Au milieu des désastres qui se sont produits tout autour de nous, on devait se sentir heureux d'être préservé et jouir tranquillement du résultat obtenu. Il était naturel aussi de chercher à perpétuer le souvenir des événements de la localité.

Les brochures et les articles de journaux sur ce sujet n'ont pas manqué jusqu'à ce jour, mais chacun a traité la chose à son point de vue particulier; aucun n'a été complet ni exact par conséquent; et l'exaltation, la jalousie, l'intérêt personnel ou l'esprit de parti, mis en jeu, les faits se dénaturent et on arrive à des absurdités impossibles. De façon qu'au milieu de ce dédale de narrations différentes, l'opinion s'égare et on ne croit plus à rien.

Malheureusement en France, il en est un peu ainsi de toutes choses aujourd'hui.

Dans la brochure que l'on va lire, on a cherché à être vrai et exact pour conserver à la ville de Salins la mémoire des événements qui s'y sont passés. C'est plutôt, une œuvre collective ou un simple procès-verbal des événements rédigé par les principaux acteurs, que la narration d'un seul.

L'armée de Bourbaki venait d'opérer son mouvement offensif sur Belfort. — Fortement endommagé à Nuits, ramené vivement jusqu'à ses positions autour de Belfort, le corps allemand de Werder avait subi une défaite sérieuse à Villersexel, le 9 janvier. — Les Prussiens avaient évacué Vesoul, puis Lure. — Tout faisait présager de nouveaux succès pour la France, et la ville de Salins espérait bien ne jamais voir apparaître les casques à pointes dans ses gorges et sur les plateaux qui l'entourent, quand tout à coup, après plusieurs jours passés sans nouvelles, on apprend que l'armée de Bourbaki est en pleine retraite.

Déjà le canon gronde dans la direction de Besançon, et rien ne vient renseigner Salins sur la véritable situation des choses.

Guerre funeste, où la France négligeait les plus simples détails, où chacun oubliait son voisin, où notre incurie venait s'ajouter à l'habilité de nos ennemis, si consommés dans l'art d'isoler de toute communication les pays qu'envahissaient leurs nombreux bataillons, toujours bien informés, toujours bien éclairés !...

Pendant près de six semaines, les nouvelles officielles, à de rares exceptions près, n'ont été apportées à Salins que par les parlementaires Prussiens.

Les forts de Salins devaient s'attendre à une attaque, et leur armement défectueux contrastait d'une manière inquiétante avec la nombreuse et formidable artillerie qu'on croyait avoir à combattre. Quatre canons de 12 rayés, dont 3 au fort

St-André et un seul au fort Belin, approvisionnés de 300 coups par pièce, constituaient tout le tir à longue portée.

On avait en outre au fort St-André :

6 canons de 16 à âme lisse ;
4 canons obusiers de 12 ;
1 obusier de 16 ;
4 mortiers de 22 c.

Et au fort Belin :

2 canons de 16 à âme lisse ;
2 canons obusiers de 12 ;
2 obusiers de 16 ;
3 mortiers de 22 c.

Mais ces anciennes pièces, d'une portée limitée, ne pouvaient être d'un grand secours contre une attaque en règle.

Après avoir terminé les principaux travaux de défense, le service du génie, auquel s'étaient adjoints MM. Prével, ingénieur civil et Compas, ancien garde du génie, avait, en dépassant les allocations qui lui étaient faites, utilisé et augmenté autant que possible les obstacles dont la nature et l'art ont doté les deux forts.

M. Bouvot, commandant du génie en retraite, avait beaucoup contribué par ses conseils, sa parfaite connaissance des localités et des travaux de défense, à la mise en état des forts. Il avait même donné de précieuses indications pour la défense particulière de la ville. Mais il eût fallu, pour être prêt sur ce dernier point, s'y prendre au moins un mois à l'avance et ne pas attendre au dernier moment pour allouer les fonds nécessaires.

Cependant, à l'heure critique où l'ennemi est signalé, il reste toujours beaucoup à faire, notamment des blindages et abris de tout genre, qui font défaut surtout au fort St-André. Une place forte devient alors un chantier et un champ de bataille tout à la fois. Or, les rigueurs de l'hiver enlevaient la possibilité d'un travail complet, et d'ailleurs les forts de Salins, comme presque tous ceux que possède aujourd'hui la France, construits avant les progrès de l'artillerie moderne, présentent des défauts auxquels on ne peut remédier tout à fait que par des améliorations considérables et pendant les loisirs d'une longue paix. Cependant ils sont en très bon état ; leurs robustes maçonneries ne craignent guère l'artillerie de campagne.

Le patriotisme ne faisait pas défaut à leur petite garnison, composée d'une batterie d'artillerie de la garde mobile et de quatre compagnies de mobilisés du Jura. Ceux-ci étaient mal armés et fort peu exercés, mais on pensait qu'ils pourraient tenir derrière des remparts d'un accès très difficile. Leur commandant et quelques-uns de leurs officiers se montraient pleins d'ardeur. Aussi, malgré le petit nombre, malgré tant de chances d'insuccès en face d'un ennemi victorieux, aguerri et bien organisé, la défense ne fut-elle pas mise en doute un seul instant.

L'armement officiel des forts était fait depuis longtemps ; c'est-à-dire que l'on avait placé aux points indiqués par le ministre, les bouches à feu que l'on possédait, remplaçant aussi bien que possible les canons rayés que l'on aurait dû avoir, par les pièces à âme lisse que l'on avait. Mais cet armement officiel, tourné du côté opposé à celui où nous avions à craindre l'arrivée de l'ennemi, ne répondait plus aux besoins du moment. Cependant les canons à longue portée n'étaient pas assez mobiles pour pouvoir être déplacés facilement. D'ailleurs c'est toujours du côté de Clucy, Cernans et Ivory que se prononcera une attaque sérieuse contre les forts ; et en prévision de cette attaque, c'est de ce côté que devait rester la majeure partie de l'armement. Il fallut donc s'ingénier et trouver le moyen de battre les différentes routes venant du côté du nord de Salins.

Huit canons obusiers avaient été envoyés de la place des Rousses, avec leurs munitions, pour l'armement des batteries mobilisées du Jura, qui n'eurent pas le temps d'être créées. M. Bouvet, ancien maire de Salins, avait offert généreusement de faire rayer à ses frais quelques-unes de ces pièces. Cela ne pût avoir lieu. Cependant, ajoutées à l'armement, six à St-André et deux à Belin, ces pièces furent d'un grand secours.

Malgré la neige et le froid, la batterie d'artillerie des mobiles du Jura montra un grand zèle dans ces travaux, et si le séjour prolongé des forts avait depuis longtemps par sa monotonie, engourdi ces jeunes gens et relâché leur discipline, l'approche de l'ennemi leur rendit toute l'ardeur dont il fallait faire preuve dans une pareille circonstance.

On doit aussi des éloges à M. Clerval, fils du garde d'artillerie de la place. Ce jeune homme arrêté par la guerre, dans ses études pour l'école polytechnique, se dévoua à l'armement des forts et montra toujours un zèle et une intelligence remarquables.

L'approvisionnement en cartouches avait été fait primitivement pour les mobiles, armés du fusil à tabatière, qui formaient la garnison des forts. Quelques semaines environ avant l'arrivée des Prussiens, les Salinois qui ne pensaient pas alors être attaqués, insultèrent bien à tort ces jeunes gens, leur reprochant leur inaction tandis que toute la France se battait. Le commandant des mobiles, froissé, demanda à quitter Salins et obtint d'emmener son bataillon aux avant-postes. On ne les revit plus.

Les mobiles furent remplacés par quatre compagnies de mobilisés de St-Claude, armés de fusils à piston, dont beaucoup en mauvais état. Et il n'y avait pas de cartouches dans les forts pour ce fusil. Cependant on eut le temps de s'en procurer. Mais les mobilisés n'avaient aucune instruction militaire. Leur commandant et quelques officiers, braves soldats, n'étaient pas à hauteur de leur nouvelle position ! !... On espérait pourtant que les hommes tiendraient derrière les murs des forts et on poussait leur instruction autant que possible; mais on n'eut pas le temps. Le jour de l'attaque beaucoup firent défection. Avant ce jour, plusieurs d'entre eux, et un officier même, sollicitaient des places d'infirmier dans les ambulances, pour ne pas aller au combat.

La garnison des forts ayant pu, la veille ou le jour même de l'attaque, se constituer avec des troupes de ligne régulières, on renvoya aussitôt qu'il fut possible, ce qui restait des mobilisés. Mais alors on n'avait aucun approvisionnement de cartouches pour les fusils chassepots. On ne pût s'en procurer que difficilement, assez tard et en petite quantité.

Il y avait dans les forts des vivres pour trois mois. — Pour 150 hommes au fort Belin et 350 au fort St-André. Bien que ces chiffres aient été un peu dépassés, on pensait, malgré le bombardement probable, tenir au moins ce temps-là.

Le 21 janvier, à 6 heures du soir, M. le capitaine Guillerault, commandant de place à Salins, fut prévenu que depuis 2 heures de l'après-midi, le télégraphe ne répondait plus de Dôle. On supposa la ville occupée par l'ennemi. Dans la prévision d'une marche sur Salins, il fit partir, pour défendre la gare de Mouchard, 200 hommes du bataillon des mobilisés et 100 hommes de la garde nationale sédentaire. Ce dernier détachement, parti seulement à 11 heures du soir, rentra dans la matinée du lendemain à Salins.

Sur la demande du commandant de place, un renfort de

175 hommes fut envoyé de Lons-le-Saunier dans la nuit et alla prendre position à Villers-Farlay.

Le 22, au point du jour, il envoya 200 hommes au pont de Cramans et alla de sa personne à Arc-Senans, pour faire accélérer l'évacuation de l'ambulance établie depuis quelques jours dans cette localité.

M. Petitjean, commandant du génie, M. Prével, sous-lieutenant du génie et M. Chaffesey, conducteur des ponts et chaussées, étaient déjà depuis plusieurs jours occupés à des travaux de défense en arrière des ponts de la Loue. Plusieurs de ces ponts étaient minés et même chargés. En cas de besoin, on pouvait les faire sauter au premier moment. Des postes avaient été établis pour défendre les passages ; mais, trop faibles et ne pouvant être relevés d'une manière régulière, ces postes fonctionnèrent mal et plusieurs furent abandonnés sans ordres, sous prétexte de fatigue et de froid. Les autres se replièrent à l'approche de l'ennemi. De sorte que les travaux faits ne servirent absolument à rien.

Le 23 janvier, dans la matinée, le général de division envoya de Besançon une dépêche recommandant de conserver les positions de Villers-Farlay et Arc-Senans. Quelques uhlans s'y montrèrent dans la journée et furent repoussés par les mobilisés ; mais ceux-ci ne tinrent pas longtemps et ces postes furent abandonnés comme les précédents.

Dans le courant de cette journée, un grand nombre d'hommes appartenant à différents corps, arrivèrent à Salins, annonçant l'armée prussienne.

Ces hommes isolés, dirigés pour la plupart sur Besançon par le chemin de fer, qui était intercepté à Mouchard, n'avaient plus de direction régulière. La plus grande partie traversa la ville de Salins pour se sauver par Champagnole.

Quelques-uns montèrent dans les forts où on les reçut et où ils prirent part à la défense.

Les postes avancés furent rapprochés de la ville.

Pour l'intelligence de ce récit, il est indispensable de donner la topographie du pays.

Salins est une ville ouverte qui n'a guère qu'une rue de 5 kilomètres de longueur, allant du nord au sud, au fond d'un ravin où coule la Furieuse. Les forts placés, St-André à l'ouest, Belin à l'est, sont espacés de 1200 m. seulement et dominent la ville de 250 m. de hauteur.

Ces forts sont dominés au nord par le mont Poupet, et au sud par le plateau d'Ivory, séparé par le val d'Héry de celui d'Aresches et de Cernans.

En sortant de Salins par le nord, on a à sa gauche une promenade appelée la Barbarine ; à droite, la route de Saizenay qui, après de nombreux lacets dans les vignes, au pied du mont Poupet, s'enfonce au nord pour aller à Myon et Quingey ou bien continue à l'est pour aller à Nans et Ornans.

En descendant la route de Mouchard que l'on a devant soi et qui traverse la Furieuse au-dessous de la Barbarine, on entre dans le faubourg St-Pierre ; à droite on a la gare du chemin de fer, au-dessus, au milieu des vignes, la maison dite Loge-des-Gardes ; à gauche l'usine à gaz et les pentes du fort St-André. De ce côté, le faubourg St-Pierre n'a que quelques maisons largement espacées, mais à droite elles sont plus nombreuses et se relient entre elles par des jardins clos de murs. La Furieuse coule au-delà parallèlement, puis le chemin de fer en remblai borde les vignes. On arrive ainsi à la bifurcation à gauche, de la route n° 5, conduisant à Marnoz, Aiglepierre, Arbois, qui passe sur le Mont-de-Simon. A cette bifurcation se trouve la maison Raton ; en continuant la route de Mouchard, on passe de nouveau la Furieuse, et la gorge se resserrant n'a plus guère de place que pour le chemin de fer, la route et la rivière, sauf quelques petites usines qui, de distance en distance, s'échelonnent sur les bords de l'eau. On voit alors deux mamelons dénudés et rocheux : celui de droite, dans lequel le chemin de fer est taillé souvent en tunnels, s'appelle Arelle ; le chemin vicinal de St-Thiébaud y monte un peu plus loin et coupe le chemin de fer. Le mamelon de gauche se nomme Suziau. C'est dans cette gorge d'Arelle que les Prussiens ont été si bien mitraillés par les forts. Un peu plus loin, après avoir passé sous un viaduc, la route se bifurque à droite pour aller à Besançon par St-Joseph, la Chapelle et Quingey. Au-delà, à gauche de la route de Mouchard, se trouve l'endroit dit Bagney, où la batterie prussienne attaqua le fort St-André. Vient ensuite le village de Pagnoz, puis Mouchard à 9 kilomètres de Salins.

Au sud de Salins, en sortant du faubourg ou trois routes aboutissent, on monte par celle de gauche à Cernans, par celle du milieu à Aresches et par celle de droite qui borde le val d'Héry, on va à Champagnole.

A l'ouest du fort St-André se trouve le petit village de Pretin, dans une gorge profonde qui débouche du côté de Marnoz, de l'autre côté de Pretin est le mont Bégon.

A l'Est du fort Belin, qui est bâti sur la pointe de l'arête dite Cornabœuf, se trouve le village de Clucy, qui fait déjà partie des grands plateaux du Jura et auquel on arrive par Cernans.

Le 24 janvier, vers sept heures du matin, de fortes colonnes prussiennes, évaluées à 8 ou 10,000 hommes, venant de Dole, ayant passé la Loue, dont les ponts n'étaient plus gardés, remontèrent la rive gauche de cette rivière jusqu'au village de Cramans, défendu par 200 mobilisés et une compagnie du 84e de ligne qui venait de Lons-le-Saunier sur Besançon. Ces détachements pris à revers, se retirèrent en désordre sur Resnes ou ils se rallièrent et vinrent ensuite s'abriter sous le canon des forts de Salins.

180 hommes, restant d'un bataillon du 1er régiment de zouaves, venant d'Héricourt, un détachement du 53e de ligne, un autre du 92e et quelques isolés occupaient la gare de Mouchard et les abords de cette localité.

Attaqués dans cette position par une forte colonne allemande, ces troupes se replièrent sur Salins, non sans avoir fait subir de grandes pertes à l'ennemi.

La compagnie du 53e commandée par M. le capitaine Milard et forte de 81 sous-officiers et soldats, monta au fort Belin avec quelques isolés de tous corps, 56 mobilisés et 23 artilleurs de la garde nationale sédentaire.

Une partie des zouaves s'arrêta en embuscade sur la route de St-Thiébaud, au-dessus du chemin de fer. Les autres vinrent à Salins, quelques-uns montèrent aux forts. 25 artilleurs de la garde nationale sédentaire, sous le commandement du capitaine Méraux, montèrent aussi à St-André.

Enfin Mouchard, Marnoz et Pagnoz furent successivement occupés par les Prussiens.

Pendant ce temps, la garde nationale n'était pas restée inactive ; dès cinq heures du matin de ce même jour, la 2e compagnie occupait la position de Château, au-dessus de Pretin, venait ensuite prendre celle de Suziau et établissait un poste avancé vis-à-vis le viaduc du chemin de fer. Dans l'après-midi, elle fut remplacée par la compagnie du 84e de ligne, et se dirigea alors sur St-Michel, fît une reconnaissance sur Marnoz, où les Prussiens n'étaient pas encore arrivés et rejoignit la 1re compagnie qui faisait le coup de fusil au pont de Breux avec des uhlans. Ceux-ci ayant rebroussé chemin sur Pagnoz, la garde nationale rentra à Salins vers 5 heures du soir.

Au dernier moment, la municipalité s'était décidée à voter 5,000 francs pour la défense de la ville. Mais à cette heure critique MM. Petitjean et Chaffesey n'avaient plus trouvé d'ouvriers pour faire quelque chose d'efficace.

Marnoz était déjà occupé par l'ennemi, un coup de main sur le fort St-André était à craindre. En effet, le chemin de Marnoz à Pretin passe dans une gorge presque constamment à l'abri des feux du fort St-André. De Pretin, sans être vu du fort, on peut arriver sur le mamelon nommé la Pelouse qui domine ce fort, y installer des batteries à une très courte distance et tenter une escalade, qui, il est vrai, n'aurait guère de chance de réussite, mais à la condition de se bien garder.

M. Gaurichon sollicité par le commandant de place et le commandant du génie, se chargea de couper le pont de Pretin et d'établir une barricade en arrière, au-dessous des roches de Château. Il partit de Salins à 9 heures du soir avec un détachement de 70 gardes nationaux destiné à protéger les travailleurs qu'il prît dans le village. Ce travail fut terminé à 3 heures du matin. Mais la chose finie, les gardes nationaux rentrèrent chez eux et il ne resta pas un homme pour défendre la barricade. Ce ne fut qu'à 10 heures du matin, que le fort St-André, prévenu par le commandant de la garde nationale, y envoya un lieutenant et 30 hommes.

D'après un ordre antérieur du général commandant la subdivision, sur la demande de M. le capitaine Guillerault, commandant de place à Salins, en cas d'attaque, le commandement du fort St-André devait être pris par M. Fouleux, chef d'escadron commandant l'artillerie de l'arrondissement de Salins, et celui du fort Belin par M. Pérard, commandant le bataillon des mobiles. Mais ce dernier était parti avec sa troupe. Son successeur des mobilisés, n'ayant que la bravoure du soldat, n'offrait pas de garanties suffisantes. Par un accord tacite avec le commandant de place, les ordres de l'autorité militaire n'arrivant plus à Salins, M. Fouleux prit le commandement supérieur des forts, et le commandement du fort Belin fut donné à

M. Brichard, ancien lieutenant d'artillerie et pour le moment capitaine commandant la batterie des mobiles du Jura.

A ce moment, l'attention du commandant supérieur devait se concentrer toute entière sur les forts, où il y avait encore beaucoup à faire. La défense de la ville, proprement dite, par les mobilisés de St-Claude et la garde nationale, ne pouvait être une chose sérieuse. Et il est à peu près évident que l'intention de la municipalité était seulement d'échanger quelques coups de fusil pour sauver l'honneur. Que pouvait-elle faire de plus en face d'un ennemi redoutable ? Mais elle aurait dû s'en tenir là, et mettre tout son patriotisme au service des forts, au lieu de demander leur capitulation, qui pouvait perdre une armée entière, en ouvrant à l'ennemi le passage le plus court pour arriver sur les hauts plateaux du Jura.

Dans la nuit du 24 au 25, un officier Prussien à cheval, un fallot à l'étrier, traversa toute la ville pour reconnaître le passage et ne fut inquiété par personne. Il n'y a d'autre preuve que le récit fait par cet officier lui-même à plusieurs Salinois. Mais si la chose est vraie, comme c'est probable, cela prouve quel fond on pouvait faire sur la vigilance des gardes sédentaires ou mobilisés. Si cet officier, dans sa reconnaissance, avait été reçu à coups de fusil par les postes, ou s'il avait trouvé des obstacles sérieux préparés contre l'invasion, il est possible que le coup hardi qui fut tenté par les Prussiens n'eût pas été résolu par leurs généraux. Peut-être a-t-il mieux valu après tout qu'il n'y eut aucun obstacle d'établi. L'ennemi s'est trouvé maître d'une ville ouverte dont la possession ne pouvait lui être que nuisible, du moment que les forts refusaient de se rendre. Chacun a joué son rôle. Mais il est permis de blâmer les postes où l'on s'enivrait, au lieu de monter la garde.

Les quelques hommes arrivés la veille dans les forts étaient pour la plupart malades et épuisés par une campagne terrible. Depuis plusieurs semaines ils n'avaient pas touché de solde ; depuis plusieurs jours les vivres leur manquaient et les manutentions n'étaient pas complètement installées. Il n'y avait pas de couchage, pas d'ambulances, de médicaments, de médecins. Personne pour distribuer les vivres.

Jusqu'alors le commandant de place avait été très occupé en ville pour l'approvisionnement général des forts et en dernier lieu par le service des postes extérieurs ; il avait remis à un lieutenant ses pouvoirs au fort Belin, il lui donna ses dernières instructions, et sur l'invitation du commandant supérieur, monta au fort St-André le 25 au matin, afin d'y terminer l'organisation des différents services.

Le commandant du génie vint aussi s'y installer ce jour-là.

Les mobilisés devaient concourir à la garde de la ville avec la garde nationale et dans le cas d'une attaque sérieuse se replier sur les forts.

Vers neuf heures du matin, une forte reconnaissance de l'ennemi fut signalée, on battit le rappel et la garde nationale se porta en avant avec les mobilisés. La fusillade était déjà engagée avec la compagnie du 84ᵉ, qui avait bivouaqué sur le plateau de Suziau et qui fut obligée de se replier en combattant jusque près de la gare, où elle resta jusqu'au soir. Cette compagnie eut deux hommes blessés grièvement, dont un mourût dans la nuit et trois autres faits prisonniers.

Dans cette même matinée, M. Prétet, ancien garde d'artillerie en retraite et lieutenant de la garde nationale, eut la jambe fracassée par une balle. M. Prétet, malgré ses 65 ans, montrait encore toute l'ardeur d'un jeune homme. Il s'était distingué longtemps comme sous-officier en Algérie ou il fut nommé chevalier de la Légion d'honneur. Au moment de l'invasion il retrouva son énergie d'autrefois ; tombé glorieusement pour la défense de son pays, il fut nommé officier de la Légion d'honneur le 5 mai et mourut des suites de sa blessure quelques jours après, laissant à ses enfants un nom honorable.

Ce jour-là, un brouillard intense couvrait les forts, aussi ne purent-ils rien voir de l'escarmouche du matin ; le fort St-André seulement, au moment de la fusillade, envoya quelques coups de canon à poudre pour encourager les nôtres.

Mais les Prussiens n'avancèrent pas longtemps, quelques-uns vinrent cependant jusques dans les dernières maisons du faubourg St-Pierre et se retirèrent de suite, rejoignant le gros de leur colonne qui retournait sur Pagnoz. La garde nationale rentra en ville vers deux heures de l'après-midi.

Les zouaves et une trentaine d'isolés de tout corps montèrent au fort St-André ; presque tous avaient fait la campagne de la Loire et celle de Belfort, épuisés et malades, ils n'avaient plus de linge, leurs habits étaient en lambeaux, et dans les forts, par un froid de 20 degrés, c'est à peine s'ils eurent les premiers jours quelques poignées de paille pour se coucher. La compagnie du 84ᵉ, bien conduite et composée de troupes fraîches, passa la nuit en ville avec une partie des mobilisés. Mais déjà la débandade se mettait parmi ces derniers. On avait appris le matin que l'armée française se retirait par les hauts plateaux et quelques-uns avaient commencé à gagner les montagnes ; le lendemain, il y en avait déjà à Champagnole pendant qu'on se battait à Salins.

Le commandant de la garde nationale envoya le 25 au matin, le lieutenant Baudin à Levier, pour demander des secours pour la ville. Mais le général comte de Serre répondit que sa colonne n'était composée que de mobilisés non instruits et n'ayant pas une seule cartouche : que sa mission était de soustraire ces hommes à l'armée prussienne et qu'il ne pouvait pas descendre à Salins. M. Baudin revint à Salins le 26, à trois heures du matin, rendre compte de sa mission et prit part au combat de ce jour.

Une division française, commandée par le général Cremer, se trouvait à Nans-sous-Ste-Anne, à 12 kilomètres de Salins, et avait l'ordre de venir occuper *Salins et les crêtes qui le dominent*. Une reconnaissance fut envoyée par ce général jusqu'à Saizenay, où elle rencontra des uhlans et retourna rendre compte. Mais la division n'avança pas et se retira par les hauts plateaux.

Une autre division française avait l'ordre de défendre sur les hauts plateaux, les débouchés des routes aux environs de Salins ; mais le 25, les Prussiens étaient déjà à Arbois, les ordres arrivèrent trop tard ou ne furent pas exécutés. Salins devait être abandonné à ses propres ressources.

Bien avant ces événements, le commandant de Place, préoccupé de la défense de la ville, avait écrit à M. Grévy, député du Jura, la lettre suivante :

Salins, 16 octobre 1870.

« Monsieur,

« Les forts de Salins ont pour leur défense régulière, une « garnison de 500 hommes. Cet effectif suffisant pour la dé- « fense des ouvrages, ne l'est pas pour la défense de la ville et « des approches. Je comptais pour cette défense sur le batail- « lon de la garde nationale sédentaire, fort d'environ 800 « hommes. Une partie de ce bataillon a été désarmée pour « armer les mobilisés du Jura. Il n'y a plus d'armes à l'arse- « nal de Besançon. Vous avez dit à M. Dufay, notaire à Salins, « que 500 fusils à tabatière étaient à vendre sur la frontière « Suisse. Le conseil municipal de Salins ne veut pas faire « cette dépense trop considérable pour les ressources de la

« ville. C'est dans l'intérêt du pays que je viens vous prier,
« monsieur, de peser de tout le poids de votre autorité pour
« pousser les habitants et la municipalité à faire quelques
« sacrifices dans l'intérêt de la défense nationale.

« Recevez, etc.

« *Le Commandant de la Place de Salins,*

« Signé : GUILLERAULT. »

Cette lettre resta sans effet.

Un peu après, M. Gaurichon, lieutenant de la garde nationale, alla à Besançon pour tâcher d'obtenir de l'arsenal quelques pièces légères d'artillerie pour les sédentaires. On lui
donna deux canons de 4 rayés de montagne, avec des munitions et les armements nécessaires ; mais il n'y avait pas
d'affûts, il s'engagea à les faire construire. M. Prével alla
exprès à Besançon relever un calque du dessin de ces affûts ;
ils furent commencés, on avait largement le temps de les finir,
mais ils ne furent pas achevés, et au moment décisif, on
cacha les canons.

Dans l'après midi du 25, la municipalité se réunit à l'Hôtel-
de-Ville avec les officiers de la garde nationale et les notables
de la ville pour discuter les moyens de défense. Copie de la
délibération prise fut adressée au fort St-André. Cette délibération dit :

« Il y a lieu de faire *signifier* immédiatement au comman-
« dant supérieur, que toutes les troupes armées, excepté
« celles de l'artillerie, qui se trouvent en ce moment concen-
« trées dans les forts, doivent être renvoyées *à l'instant sous*
« *les ordres du commandant de la garde nationale de Salins*
« pour la défense de la ville.

« Par son refus, le commandant se verrait attribuer et *avec*

« *raison,* toutes les conséquences d'une défense faite et con-
« tinuée avec des forces insuffisantes, etc., etc. »

A cette lettre, qui n'a pas besoin de commentaires, le commandant supérieur répondit qu'il enverrait sa décision plus
tard. Il fallait d'abord compter ce que l'on avait d'hommes
disponibles et assurer la défense des forts. — Les troupes qui
venaient d'arriver étaient armées de fusils chassepots, pour
lesquels aucun approvisionnement de cartouches n'existait à
Salins. On rassembla toutes les cartouches qui étaient dans
les gibernes et on arriva à un chiffre de 50 par homme environ. Quelques jours après, ce chiffre était monté à 80, par
suite de ce qui avait été trouvé dans les ambulances. On ne
pouvait songer à demander des cartouches à Besançon dont la
route était fermée par les Prussiens ; le commandant supérieur
envoya un exprès au fort de Joux, dont l'accès était encore
libre, et qui avait un approvisionnement de cartouches chassepot. Les cartouches furent expédiées, mais n'arrivèrent pas.
Cependant on espéra longtemps les voir arriver et comme on
avait des vivres pour trois mois, il fut convenu que ce que
l'on avait de cartouches devrait durer le même temps. On
avait quelques fusils à tabatière pour lesquels les cartouches
ne manquaient pas, mais la plupart de ces fusils n'étaient pas
en état de servir. Un chef armurier qui venait d'arriver, fut
chargé de les réparer et plus tard on en arma la compagnie
du 84ᵉ qui avait brûlé toutes ses cartouches. Enfin, comme on
avait beaucoup d'obus et de bombes, on en fit charger, pour
s'en servir au besoin à la main du haut des remparts.

Dans la soirée, le commandant supérieur fit prévenir la
municipalité que le lendemain matin, à cinq heures, 50 zouaves
descendraient du fort St-André et 30 hommes du 53ᵉ de ligne
du fort Belin, pour se joindre à la garde nationale, aux mobilisés et au 84ᵉ de ligne, afin de concourir à la défense de la

ville en cas d'attaque. Ces détachements avaient l'ordre de se tenir sous le canon des forts, afin de pouvoir y remonter au premier signal ; dans tous les cas, ils devaient y être rentrés à la nuit.

Un poste de 30 zouaves était déjà à la barricade de Pretin, deux autres de 20 hommes chacun à l'avancée en dehors des forts. Il ne restait à l'intérieur que l'artillerie et la garde nécessaire avec les malades, malheureusement trop nombreux. Par le temps brumeux de cette saison, les forts étaient exposés à un coup de main, et il eut été imprudent de les dégarnir complètement, comme le demandait la municipalité. Enfin il ne fallait pas faire brûler le peu de cartouches que l'on avait, pour la défense de la ville seulement. On croyait à Salins que tous les militaires passés en ville étaient montés dans les forts, et par conséquent que la garnison était très nombreuse; on laissa cette illusion bercer les esprits, mais en réalité, le 26 au soir, quand toutes les troupes furent remontées, il n'y avait pas 700 hommes dans les deux forts et le surlendemain, après le départ des mobilisés il en restait à peu près 600.

26 janvier. — La nuit fut calme, le temps clair et froid, du fort St-André on voyait quelques feux au loin dans la plaine. A 5 heures du matin, les détachements commandés descendirent en ville, le poste de Pretin et ceux des avancées furent relevés. Au petit jour, un incendie considérable fut aperçu dans la direction de Mouchard. C'étaient 60 vagons de marchandises qui brûlaient. Deux jours avant, des vagons renfermant 600 sacs de farines, des couvertures de laine et des peaux de de moutons étaient venus se réfugier à Salins ; on avait caché ces ressources en ville où on les retrouva plus tard fort à propos.

Bientôt, on vit déboucher du côté de Mouchard des colonnes nombreuses qui se dirigeaient sur Salins. Dans la brume du matin, ce ruban noir s'allongeant sur la route et en suivant tous les contours, ne paraissait pas encore bien formidable à cette distance. Bientôt après quelques points isolés tournant à droite vinrent se placer sur un mamelon à 3,500 mètres environ du fort St-André, au lieudit Bagney et s'espacèrent régulièrement, pendant que le reste avançait toujours. Etait-ce une batterie ? On ne pouvait encore guère en juger avec les meilleures lunettes. Mais au bout d'un instant un flocon de fumée blanche suivi d'un éclair, ne laissa plus aucun doute à cet égard. L'obus siffla en passant par dessus le fort et on entendit la détonation dans le lointain. Les cinq autres pièces continuèrent le feu. Les premiers coups dirigés trop haut passaient par dessus le fort. Un de ces obus alla éclater dans une maison du faubourg Galvoz. Les autres dirigés trop bas, venaient frapper au pied des murs, ou éclater dans les vignes au-dessous.

A cette distance, un seul canon rayé, pouvait du fort Saint-André, répondre à l'artillerie ennemie ; les mobiles de la batterie du Jura qui entendaient siffler les obus pour la première fois, n'eurent pas d'abord le sangfroid nécessaire ; comme une bande d'effarouchés, ils ne faisaient rien de bon en voulant faire trop. Enfin, quand ils eurent mis leur canon en batterie et commencé le feu, le calme se rétablit peu à peu, grâce aux conseils de M. Clerval, garde d'artillerie, et la pièce fut si bien dirigée, qu'au bout de quelques coups, elle démontait un canon ennemi.

Debout sur l'épaulement de la batterie, le capitaine Bruneau, des zouaves, armé d'une excellente lunette, donna de précieuses indications aux artilleurs ; et, par son mépris du danger, contribua beaucoup à leur inspirer l'aplomb qui leur faisait d'abord défaut. Cet officier distingué fit constamment preuve d'une grande énergie.

La batterie prussienne se voyant atteinte, ne tarda pas à se retirer hors de portée, en laissant son canon brisé sur place : mais il fut enlevé dans la soirée.

Pendant ce temps, l'infanterie avançait toujours sur Salins et commençait à entrer dans une gorge, où la route fortement encaissée n'est plus visible du fort. Un mortier du fort Saint-André commença alors à envoyer des bombes dans cette gorge en même temps que le canon rayé qui tirait toujours sur la colonne. On dit que l'une d'elles en éclatant, mit hors de combat 22 hommes et 6 chevaux. Mais l'artillerie des forts ne fut réellement efficace, que lorsque les Prussiens débouchèrent un peu avant la maison du garde-barrière du chemin de St-Thiébaud.

A St-André, deux canons obusiers servis par l'artillerie sédentaire et bien dirigés par le capitaine Méraux, tonnèrent toute la journée. Dans un bastion voisin, deux autres canons obusiers, servis par les mobiles sous la direction du lieutenant Dubois et du brigadier Reverchon, ne cessèrent pas non plus leur feu. Ces quatre pièces firent souvent rétrograder les colonnes prussiennes. Le fort Belin s'était mis de la partie avec son unique canon rayé, que pointait parfaitement le maréchal-des-logis chef Grand, et fit aussi beaucoup de mal aux Prussiens. Malheureusement on fut souvent contrarié par les vapeurs d'un brouillard épais, qui à chaque instant dérobait la vue de l'ennemi. Celui-ci profitant des intermittences du tir, avançait alors au pas de course, homme par homme, avec une remarquable ténacité, se défilant partout où ils pouvaient le faire, surtout dans les maisons qui bordaient la route. Plusieurs de ces maisons furent éventrées par les obus du fort Belin.

Vers 10 heures du matin, la dépêche suivante du général de

division, partie de Besançon la veille à 8 heures du soir, arriva au commandant des forts :

« Par tous les moyens possibles, portez-vous sur le chemin » de fer de Pontarlier pour faire sauter ou couper tous les tra- » vaux d'art ; le viaduc de Montigny qui est déjà miné, les » tunnels, les tranchées, les viaducs. Réquisitionnez tous les » moyens possibles pour remplir cette mission à laquelle j'at- » tache la plus haute importance. Une division entière de » l'armée française va occuper Salins et les crètes qui le do- » minent. »

M. Petitjean, commandant du génie, se mit immédiatement en route pour exécuter cette mission. A Pont-d'Héry il faillit être enlevé par les uhlans, obligé d'aller jusqu'à Andelot, il n'eut que le temps de monter sur une machine qui allait partir, les Prussiens arrivant déjà, il fut conduit alors à Pontarlier, et de là monta au fort de Joux, sur l'ordre d'un général du génie de l'armée de l'Est. M. Petitjean avait demandé quelques barils de poudre pour son opération. Cette voiture de poudre, escortée par un officier et 10 hommes, partit vers midi du fort St-André pour le rejoindre. M. Prével, sous-lieutenant du génie à titre auxiliaire, emporté par son ardeur, voulut la suivre malgré la défense du commandant supérieur, auquel il ne restait aucun officier du génie. A 3 kilomètres du fort, près du plateau d'Ivory, ce convoi fut attaqué par des uhlans, la voiture fit aussitôt demi-tour et l'escorte riposta en reculant, car il y avait là près de 500 prussiens. Malheureusement M. Prével fut tué ainsi qu'un homme de l'escorte et le canonnier Poucheux, de la mobile, qui servait de guide. La voiture se réfugia à Bracon, où on cacha les poudres, et le reste de l'escorte rentra au fort. Les poudres n'y furent remontées que trois jours après.

En ville, on savait depuis six heures du matin, qu'une division française, de 10,000 hommes, devait venir nous défendre. Avec des forces pareilles, Salins eût été à l'abri de tout danger, au moins pour ce jour-là ; mais aucun renfort ne vint. Réduite à ce qu'elle avait, la ville ne pouvait rien espérer. Les efforts des gardes nationaux et des quelques soldats présents, ne pouvaient être considérés que comme une protestation contre l'invasion prussienne et une satisfaction donnée à l'amour propre des gens de cœur que la vengeance et le patriotisme enflammaient. Il est peut-être heureux pour la ville que la résistance n'eût pas été plus sérieuse. En tous cas, on ne pouvait guère faire davantage.

Aussitôt que l'ennemi fut signalé, la garde nationale rassemblée le plus promptement possible, avec les troupes présentes, reçut les instructions de M. le commandant Charrière et se porta, vers les neuf heures du matin, aux points indiqués en dehors de la ville.

Cette petite colonne fort mélangée, se composait à peu près comme il suit :

84ᵉ de ligne,	70 hommes.	
Mobilisés du Jura,	150	»
Mobiles du Jura,	60	»
Isolés de tous corps,	40	»
Gardes nationaux,	300	»

Ce qui, avec les 50 zouaves du fort St-André et les 30 hommes du fort Belin, faisait environ 700 hommes ; et l'ennemi arrivait au moins avec 8,000 hommes de troupes aguerries !...

Ces troupes s'éparpillèrent en un vaste demi-cercle sur les hauteurs dominant les routes qui convergent vers l'entrée de Salins par le Nord. La gauche, sous la protection du fort St-André, devait défendre la route de Marnoz, le centre tenait la route de Mouchard, la droite, appuyée par le canon du fort Belin, surveillait la route de Nans et la gare.

La fusillade commença vers neuf heures et demie ; d'abord peu nourrie, elle ne tarda pas à s'animer et de midi à une heure et demie, elle devint terrible. Le sous-lieutenant Benoît, du 84e, avec sa compagnie placée vers la Loge des Gardes, repoussa trois fois une colonne de 200 hommes qui s'avançait par le chemin de fer et garda ses positions jusque vers onze heures. Il eut deux hommes tués.

Les Prussiens, écrasés par le feu des forts, n'avançaient qu'avec beaucoup de prudence, se défilant, passant isolément et au pas de course d'une maison à l'autre, traversant les jardins le long des murs de clôture, ou enfin suivant le lit encaissé de la rivière. En sortant de la gorge d'Arelle, beaucoup entraient dans les vignes, se déployant en tirailleurs en montant au-dessus de la Loge des Gardes. Bientôt ils furent en assez grand nombre pour envelopper le demi-cercle des défenseurs de la droite et du centre et forcer ces derniers à reculer du côté de la ville, où l'on entendait le clairon et le tambour faisant un dernier appel, aussi infructueux que désespéré, à la garde nationale, dont un bon tiers n'avait pas donné signe de vie. Une partie de la 3e compagnie, qui occupait le plateau de Clucy depuis la veille, n'en redescendait pas, malgré les ordres donnés depuis le matin et ne reparut en ville que quelques jours après. Il faut dire, à la décharge de la garde nationale, qu'elle faisait depuis le 21 janvier un service des plus pénibles et bien capable de diminuer le nombre et l'énergie des combattants.

En ce moment, une terreur inexprimable se répandait dans toute la ville : le bruit de la fusillade, les coups répétés du canon des forts, le sifflement des obus, les cris sauvages des Prussiens, la vue des blessés qu'on transportait et parmi lesquels chacun tremblait de trouver l'un des siens, en un mot toutes les horreurs, toutes les angoisses de la lutte impressionnaient les esprits déjà ébranlés par les alarmes des jours précédents.

La plupart des mobilisés, éperdus, fuyaient dans les vignes, malgré l'exemple de plusieurs de leurs officiers et surtout du brave commandant Dayet qui, oubliant son grade, prit un fusil et se battit en vaillant soldat jusqu'au bout. On doit rendre justice aussi à quelques-uns de ses hommes qui, malgré leur armement défectueux, n'abandonnèrent pas leurs chefs et se conduisirent fort bien. 3 furent tués.

Petit à petit, prudemment et sans bruit, bon nombre aussi de gardes nationaux regagnèrent leur demeure.

Les cartouches pour fusils chassepots et à tabatière commençaient à manquer sans qu'on pût les remplacer. Pour les autres, il y avait un dépôt suffisant à l'Hôtel-de-Ville, mais les distributions se firent mal.

Vers midi, la situation s'était beaucoup aggravée, notre aile droite menaçait d'être coupée du centre ; c'est alors qu'entraîné par son ardeur, M. Mazaroz, percepteur et sous-lieutenant de la garde nationale, proposa au commandant Charrière de réunir au centre ce qui restait de défenseurs et de faire une charge à la baïonnette contre l'ennemi. M. Charrière pensait avec raison qu'une charge à la baïonnette serait bien meurtrière et sans beaucoup d'effet contre les masses ennemies qui augmentaient toujours ; cependant il laissa à M. Mazaroz sa liberté d'action. Celui-ci fit alors opérer la jonction et garnir la Barbarine de tirailleurs. La fusillade alors était très vive. Un zouave, deux gardes nationaux furent tués, plusieurs autres blessés. Il restait environ 50 soldats du 84ᵉ, 15 à 20 zouaves ou mobiles et 80 ou 100 gardes. Le commandant des mobilisés, auquel on proposa de se mettre à la tête de ces braves, déclina cet honneur, et le capitaine Jauffrès ayant démontré l'inutilité de ce dernier effort, on renonça à cette charge et l'on se contenta de tenir le plus longtemps possible sur la Barbarine, dont les arbres couvraient très bien les défenseurs ; on conservait encore un peu l'espoir de voir arriver la division française annoncée.

Mais vers une heure, cette espérance s'évanouissait complètement. Devant le flot de casques à pointes qui surgissait de tous côtés, le commandant ordonna la retraite.

M. Mazaroz et quelques intrépides voulurent encore essayer une barricade à l'entrée de la ville, afin de brûler leurs dernières cartouches, le capitaine Gindre les en dissuada avec raison. Cette barricade, improvisée sous un feu violent, n'aurait pu tenir un quart d'heure et n'eût fait qu'augmenter la fureur de l'ennemi au moment critique de son entrée en ville.

L'ennemi se rapprochant, le fort Belin avait adjoint au tir de son canon rayé celui de deux canons obusiers ; mais les Prussiens étant alors presque partout disséminés en tirailleurs, ce tir avait peu d'effet, et la portée pour ces pièces à âme lisse étant extrême, un des obus éclata près de nos lignes et les obligea à reculer. La mousqueterie du fort St-André était plus efficace.

Cependant les Prussiens se massaient à l'abri du feu des forts, pour se lancer dans l'intérieur de la ville, tout en ripostant aux dernières balles que les défenseurs leur envoyaient en se retirant. Enfin, vers deux heures, la tête de colonne prussienne pénétrait dans Salins, en poussant des hurlements féroces et tirant des coups de fusil de tous côtés, principalement sur les fenêtres. C'est ainsi que dans la première maison fut tué le sieur Fumey, préposé d'octroi, qu'une imprudente curiosité avait poussé à se mettre à sa croisée ; il tomba frappé d'une balle de revolver tiré par l'officier qui était en tête de la colonne. Un peu plus loin, la nièce du curé de Saint-Maurice reçut une balle dans les reins et mourut sur la porte de la demeure de son oncle ; lui-même fut frappé d'un coup de crosse à la tête. Un vieillard, M. Sornay, fut tué dans sa chambre. Le vigneron Rollier fut blessé au bras. Enfin Mme Reddet fut tuée dans son arrière-boutique, et son mari dans la rue, devant sa porte.

Derrière cette horde de brigands, composant l'avant-garde, venait la musique, dont les rangs avaient été singulièrement éclaircis par le feu des forts, mais qui malgré cela, s'efforçait de jouer une marche triomphale, peu appréciée dans un pareil moment. Enfin le gros de la colonne commença à défiler.

Cependant l'aile gauche des défenseurs tenait toujours bon sous la protection du canon et de la mousqueterie du fort St-André, et ce ne fut qu'une heure après l'entrée des premières colonnes en ville, que ces troupes remontèrent au fort. Les zouaves avaient perdu deux hommes.

Le maire provisoire de Salins, M. Babey, était à l'Hôtel-de-Ville avec ses deux adjoints au moment de l'entrée des Prussiens. Il pria M. Gaurichon, lieutenant de la garde nationale, qui revenait du combat, d'aller au-devant d'eux pour faire cesser le massacre et rendre la ville. Quoique la mission fut des plus pénibles, M. Gaurichon l'accepta et se fit accompagner du sergent Rouge, qui portait le drapeau blanc parlementaire, et d'un clairon. La colonne prussienne était dans la Grand'-Rue du Bourg-Dessous, la tête à hauteur de la maison Furet ; M. Gaurichon fit sonner le clairon et agiter le drapeau parlementaire. La colonne s'arrêta et on fit signe au lieutenant d'avancer. Arrivé devant le commandant Prussien il lui dit : « Je » suis chargé par le maire de Salins de vous rendre la ville, » en y mettant pour condition, le respect des personnes et » des propriétés. »

« —Ce n'est pas la ville, s'écria le commandant furieux, ce
» sont les forts que je veux, où je brûle Salins, comme j'ai
» brûlé Mouchard. »

M. Gaurichon répondit : « La garde nationale a défendu la
» ville, les forts sont occupés par des militaires et je ne puis
» traiter pour eux. » — « Conduisez-moi à la mairie alors. »

Le canon et la mousqueterie des forts continuaient de plus
belle ; mais à ce moment quelques coups de fusils partirent
aussi des maisons voisines sur les Prussiens, M. Gaurichon
fût même atteint légèrement par une balle à l'oreille. On lui
fit descendre la rue d'Olivet jusqu'à la rue des Barres, escorté
de plusieurs soldats, pour faire cesser les hostilités des habitants, puis M. Gaurichon fut ramené à l'avant-garde et dirigea
la colonne à l'Hôtel-de-Ville, en faisant retirer des fenêtres
les curieux imprudents. Là on fit demander le maire et pendant que les Prussiens, sous les arcades et dans les bâtiments
de la mairie, cherchaient à se garantir de la fusillade des
forts qui ne cessait pas, M. Gaurichon fut placé au pied de
la statue du général Cler avec mission d'agiter le drapeau
blanc. Enfin le drapeau parlementaire ayant été arboré sur
l'Hôtel-de-Ville, M. Gaurichon put quitter ce poste peu agréa-
ble et rentrer chez lui.

Pendant ce temps les troupes qui avaient pris part au combat remontaient dans les forts.

Le général Prussien renouvela au maire ses menaces, ordonna que toutes les armes de la garde nationale fussent apportées sur la place où on les brisa, se fit remettre le contenu
de la caisse municipale, 1,800 fr. seulement, et envoya les
membres de la commission administrative conduire les officiers parlementaires pour demander la reddition des forts.

A 3 heures 1|2 on annonça au fort St-André l'arrivée du
parlementaire, accompagné de MM. Cornu et Chavet, mem-

bres de cette commission. L'ordre de cesser le feu fut donné aussitôt. Le parlementaire fut introduit les yeux bandés, près du commandant supérieur que tous les officiers de la garnison entouraient. L'officier Prussien, le front ruisselant de sueur, malgré le froid de 20 degrés qu'il faisait alors, se campa fièrement debout devant le commandant, avec ce coup de talon particulier au soldat allemand, mit le casque sous le bras gauche et dit que de l'ordre de son chef, qui venait de s'emparer de la ville de Salins, il lui annonçait que cette ville allait être brûlée, si dans deux heures, les forts n'étaient pas rendus. Dans ce moment une expression de colère et de rage se peignit sur les visages de tous les officiers présents, et le commandant traduisit fidèlement la pensée de tous en répondant avec une hauteur dédaigneuse à ce Prussien : « Les forts ne » se rendront pas, et si vous mettez à exécution cette me- » nace, ce sera un nouvel acte de lâcheté et de barbarie. »

Les délégués de la municipalité insistèrent en vain au nom de l'humanité, le Prussien répéta en vain sa menace.

— « Je n'ai rien d'autre à vous dire, vous pouvez porter ma » réponse à votre général. »

Sur cette dernière parole, le parlementaire salua gravement, se fit bander les yeux, remit son casque et partit.

On serra chaudement la main au commandant et tous reprirent aussitôt leur place sur les remparts pour recommencer le feu sur les colonnes prussiennes, qui continuaient d'avancer, contre la loi de la guerre, pendant que l'on parlementait.

A peu près en même temps se présentaient à l'entrée du fort Belin MM. Bérard et Laroue, adjoints de la municipalité de Salins, lesquels conduisant un officier et un soldat allemand, ce dernier porteur du drapeau parlementaire, demandèrent à parler au commandant du fort.

Le soldat resta dehors ; les deux adjoints précédés de l'officier, auquel on avait préalablement bandé les yeux, furent introduits, et le dialogue suivant eut lieu :

M. Bérard s'adressant au commandant, lui dit : « La garde
» nationale de Salins a dû cesser la lutte faute de munitions,
» et l'armée allemande a pénétré dans la ville ; nous avons
» dû arborer le drapeau parlementaire et demander à capi-
» tuler. Le commandant de la colonne prussienne exige,
» comme première condition de la capitulation, la reddition
» des deux forts, sous peine de traiter la ville avec la dernière
» rigueur. Nous venons vous prier de nous faciliter de
» bonnes conditions en consentant à entrer en pourparlers
» avec le commandant du corps d'armée allemand qui se
» trouve à Salins, pour aboutir à la reddition du fort Belin,
» dont vous avez le commandement. »

Le capitaine Brichard répondit : « Citoyen adjoint, en fai-
» sant cette démarche, vous faites ce que vous dicte votre con-
» science d'administrateur ; quant à moi, l'honneur militaire
» et mon patriotisme m'imposent des devoirs indépendants
» des vôtres. Vous pouvez donc dire au commandant du
» corps d'armée allemand que le capitaine Joseph Brichard,
» citoyen de Salins, ne rendra pas le fort Belin, et que toutes
» démarches tendant à ce but seraient inutiles. Quant à la
» menace que vous me transmettez au sujet des calamités qui
» pourraient atteindre la ville de Salins, par suite de mon
» refus, veuillez dire à mon adversaire militaire que non-
» seulement je n'en crois rien, parce que ces calamités ne
» proviendraient que d'une violation du droit des gens, mais
» encore que je place sous la sauvegarde de son honneur
» militaire, l'honneur de ma maison et la sûreté de ma fa-
» mille que j'ai laissée à Salins. »

A peine l'officier parlementaire était-il parti qu'une colonne d'environ 80 Prussiens se présentait jusqu'à la contre es-carpe du pont-levis de Grelimbach (redoute en avant du fort Belin), précédée d'officiers agitant des mouchoirs blancs à la main. Le piège était trop grossier et un feu de chassepots bien nourri faisait justice de cette tentative de surprise : au bout de quelques instants, l'ennemi disparaissait emportant morts et blessés.

Immédiatement après, le fort Belin reprenait le feu sur les colonnes ennemies qui passaient sur la place Aubarède et sur la levée entre les deux faubourgs Galvoz et Champtave.

Irrité de la résistance des forts, le général Prussien fulmi-nait en talonnant le parquet des salles de la mairie et répé-tait à chaque instant qu'il allait brûler la ville. Les habitants étaient dans une inquiétude facile à comprendre. M. Mazaroz voulut aller faire des réprésentations au général à ce sujet et tacher d'obtenir au moins un sursis ; accompagné d'un des membres de la commission, il obtint d'être présenté au général et l'apostropha ainsi :

« Général, j'ai eu ce matin l'honneur de vous combattre, vous
» êtes vainqueur, la ville a été obligée de se rendre, on vient
« de m'apprendre que vouliez brûler Salins. Je m'adresse à
» vos sentiments de générosité, pour qu'il ne soit donné au-
» cune suite à cette menace ; tout au moins, veuillez accorder
» un délai de 6 heures aux femmes et aux enfants pour quitter
» la ville ; ils ne sauraient être responsables de notre défense.
» Pour nous, nous subirons les rigueurs que vous nous im-
» poserez. »

Le général le prit par le collet et lui cria furieux : « Vous
» avouez nous avoir combattus et vous êtes en bourgeois !

» — Général, ce matin j'étais soldat, ce soir je suis ci-
» toyen.

» — Je vais vous faire fusiller ! » Et jurant, sacrant, dans son langage tudesque en arpentant la salle, il répétait les mots : « Guerre implacable !... Vengeance !... Malheur !... »

La situation devenait grave : par bonheur M. Laroue, adjoint, qui assistait à cette scène fit une diversion fort opportune en venant prier le général de signer l'édit relatif à la remise des armes, et M. Mazaroz profita de l'instant pour s'échapper.

Cette colère du Prussien dura tant que le canon des forts retentit, et elle ne cessa qu'à la nuit noire, alors qu'on ne pouvait plus distinguer la route même par où arrivait l'ennemi. C'est alors que l'artillerie et la cavalerie risquèrent leur entrée en ville. Huit mille hommes au moins étaient dans Salins. Une compagnie monta à Cernans et le reste logea dans la ville et les faubourgs, cherchant les chambres qui n'étaient pas vues des forts, chose difficile car ceux-ci dominent Salins de haut. Les Prussiens regardaient les forts avec crainte et fureur, leur montrant le poingt, les appelant forts de carton, leur inquiétude était grande ; à l'hôtel du Sauvage les officiers dînèrent le revolver sur la table et tous ne dormirent guère. Mais une fois la chaleur du combat apaisée, ils cessèrent leurs violences et les habitants n'eurent pas trop à s'en plaindre. Cette menace d'incendie n'avait été qu'un moyen d'intimidation pour avoir les forts et rendre le passage, par la ville de Salins, accessible aux troupes qui donnaient la chasse à l'armée de Bourbaki, en retraite sur les hauts plateaux du Jura.

Le général Prussien comprit qu'il était de son intérêt de sortir au plus vite de la souricière dans laquelle il s'était fourvoyé, car il avait compté sans les forts ; aussi un courrier fut-il expédié de suite au général en chef, qui envoya l'ordre de quitter Salins dès trois heures du matin. Mais le cheval du cavalier glissa sur la route et se cassa une jambe. L'ordre n'arriva que tard et les forts purent encore au petit jour canonner avec succès les colonnes qui reprenaient la route de Mouchard. Le fort Belin qui voit mieux la ville que Saint-André, faisait une fusillade nourrie sur les places et les intervalles des faubourgs. Les cavaliers traversaient ces endroits au galop sur les trottoirs, malgré la glace, regardant avec terreur les points d'où partaient les coups. Dans la gorge d'Arelle ils perdirent encore beaucoup de monde. Enfin, d'après leur dire, cette tentative sur Salins leur coûta un millier d'hommes.

Dans la journée du 26, la garde nationale eut cinq hommes tués, ce sont :

MM. Rennesson, dit Bernard, tué à la Barbarine.
  Mussy, Charles,   »
  Dalloz, Jean-Pierre,   »
  Bertrand , cordonnier,   »
  Lamy, Jacques, tué à la gare.

Blessés :

MM. Cretin, Cyprien,
  Daclin, François,
  Grenaud, Eusèbe,
  Boussardon, caporal.
  Prétet avait eu la jambe cassée le 25 dans la gorge
   d'Arelle.

M. Delagoule, propriétaire, blessé au bras fut emmené prisonnier ainsi que :

MM. Planche, marchand de papiers,
  Rouge, menuisier,
  Grenaud, Louis, vigneron.

et conduits en Allemagne ; ils n'en sont revenus que deux mois après.

Pour compléter ce procès-verbal, car ce récit n'a pas la prétention d'être autre chose, il faudrait peut-être citer les noms des gardes nationaux qui se sont distingués. Mais la vérité, quoiqu'on la représente nue, est la chose du monde la plus difficile à découvrir.

On s'est adressé aux chefs de la garde nationale, qui ont donné chacun les noms de quelques-uns qu'ils ont remarqué, mais ils en avaient oublié beaucoup, et tel cité comme ayant fait preuve de courage et de sang-froid, était accusé par un autre de ne pas s'être assez montré.

En général, les gardes nationaux se plaignent de ne pas avoir été bien commandés, les officiers disent qu'il n'y avait pas d'ensemble dans la direction des mouvements, enfin le commandant dit qu'il était impossible de faire mieux avec une troupe pareille.

Et c'est vrai, tous ont parfaitement raison. Là où il n'y a pas de discipline, ni aucun moyen de répression, il ne faut compter sur rien. Par ce fait seul, la garde nationale se trouve jugée. Tous sentent bien que c'est là ce qui manquait, mais aucun en particulier ne voudrait se soumettre. Et ils ne le peuvent pas avec les exigences de la famille ; et puis on n'improvise pas des soldats. Oh ! disent-ils, si nous avions été commandés par un tel !... Mais celui-là n'aurait pas mieux fait.

Dans toute agglomération d'hommes, pour marcher à l'ennemi, il y a : Les *intrépides*, que le danger grise et qui vont de l'avant, quand même ; ceux-là ont besoin d'une martingale. — Les *braves*, qui conservent leur sang-froid, et qui, tout en méprisant le danger, ne s'exposent que quand il le faut ; il n'est besoin que de les guider. — Les *prudents*, qui ont bonne volonté, mais s'exposent le moins possible ; avec des conseils et en leur inspirant de la confiance, on en fait de très bons soldats. — Enfin les *lâches,* qui se sauvent ; ceux-là obéissent trop souvent à cet instinct qui fait fuir le danger ; mais la discipline les ramène souvent et ils finissent par marcher comme les autres. Pour ceux que rien ne peut ramener, on ne saurait être trop sévère. Mais on voit, d'après cela, que le chef a fort à faire, et ce n'est pas en faisant le coup de feu pour son compte, qu'il peut suffire à cette besogne. Qu'à un moment critique et désespéré, il se jette en avant pour entraîner sa troupe, qu'il prenne un fusil et montre l'exemple, . très bien : mais ce n'est là que l'exception.

Pour employer une phrase consacrée, on dira tout simplement que tout le monde a fait son devoir ; et on ne citera aucun nom : c'est bien plus commode, et de cette façon on n'éveille la susceptibilité, ni la jalousie de qui que ce soit : Beaucoup de braves gens pourraient se trouver oubliés sur cette liste incomplète. Il est vrai que celui qui a la conscience d'avoir fait son devoir, s'en moquerait, et l'estime de ses concitoyens, ne lui ferait pas défaut pour si peu ; mais peut-être aussi, plusieurs de ceux qui ont été excessivement prudents, chercheraient-ils à insinuer, qu'un tel qui est cité, n'a pas fait grand'chose, qu'ils en ont bien fait tout autant, si ce n'est mieux, etc... Méfiez-vous de ces réclames.

Ce qu'il y a de vrai, c'est que beaucoup qui n'avaient pas vu le feu, se sont vaillamment conduits et ont montré le courage et le sang-froid du vieux soldat. Ceux-là sont les vrais braves, et ils n'ont pas besoin d'être cités pour être connus.

Le 27 janvier au matin, les Salinois heureux du départ des Prussiens n'étaient cependant pas complètement rassurés. Beaucoup croyaient à une attaque sérieuse des forts et craignaient les éclaboussures probables d'un bombardement; ils se dépêchèrent donc d'emballer leurs effets les plus précieux, pour se sauver dans les villages voisins. Ils y trouvèrent les Prussiens.

Dans les forts, on ne savait pas la ville complètement évacuée, on s'attendait à une attaque en règle. Les artilleurs sédentaires, inquiets du sort de leurs familles, demandaient instamment à descendre chez eux. Ils avaient fait bravement leur devoir pendant 48 heures, c'était tout ce que l'on pouvait attendre de gardes nationaux : — non pas qu'il y eut parmi eux des gens timorés, et craignant de se mesurer avec l'ennemi ; au contraire, tous paraissaient parfaitement résolus. Mais incapables d'accepter la discipline militaire et de subir les privations de la vie de caserne, sollicités d'un autre côté par les soucis de la famille, ils n'auraient pu se soumettre à un service régulier; on leur ouvrit donc les portes et tous rentrèrent chez eux, excepté le brave capitaine Méraux, qui dans la prévision d'une attaque, voulut rester jusqu'à la fin.

Des commissions de médecin aide-major, furent envoyées au docteur Germain, qui vint faire le service au fort Saint-André, et au docteur Toubin, qui alla à Belin.

On avait su le départ complet des Prussiens. On profita de ce répit pour achever de s'outiller, se procurer la paille de couchage qui manquait, faire monter toutes les cartouches que l'on trouvait en ville, les armes de la garde nationale qui n'avaient pas été brisées, et surtout pour se procurer un approvisionnement de viande sur pied.

Il y avait plus de cent malades dans les forts. La fièvre, la dyssenterie, les bronchites surtout, régnaient parmi les soldats qui venaient de faire campagne, et ces hommes avaient grand besoin de se remonter. On pût leur fournir de bonnes couvertures de laine et des peaux de mouton sauvées à la gare. La charité des Salinois leur procura du linge, et ils se débarrassèrent peu à peu de la vermine qui les rongeait.

Dans cette même journée du 27, vers dix heures du matin, une colonne de 6 à 800 hommes environ fut signalée descendant de Cernans à Salins. Les forts n'avaient pas vu la veille monter de troupes prussiennes dans cette direction, car leur passage s'était effectué la nuit. Il y avait un peu de brume et avec les meilleures lunettes on ne voyait pas de casques : On crut que c'était la fameuse division française qui commençait à arriver. Le fort Belin plus à portée de bien voir, crut reconnaître un bataillon de chasseurs à pied français. Mais arrivée à l'entrée du faubourg, cette colonne tourna tout-à-coup sur la route de Champagnole, encombrée de femmes et d'enfants qui fuyaient de Salins. On se douta alors de la méprise, mais il n'était plus temps de tirer ; et l'on sût plus tard, par les habitants du faubourg que c'était bien des Prussiens, qui, pour tromper les forts, avaient porté leurs casques pendus au bras gauche et s'était coiffés de leur casquette.

Un poste prussien avait été oublié en ville près de l'église St-Anatoile, on le signala au fort Belin, qui envoya vers midi un détachement pour l'enlever, mais il n'était plus temps, les Prussiens étaient partis,

Vers 4 heures, des voitures d'ambulances prussiennes vinrent chercher leurs blessés et leurs morts et continuèrent les jours suivants.

A 10 heures 1|2 du soir, un exprès envoyé par le maire apporta au fort St-André la lettre suivante, couverte de *neuf pages* de signatures :

> « Salins, 27 janvier 1871.

> » Monsieur le commandant,

> » Les habitants notables de la ville de Salins, dont les noms

» suivent, vous exposent qu'ils déplorent la continuation de
» toute hostilité contre l'armée prussienne dans l'intérieur de
» la ville de Salins. Cette continuation pouvant entraîner la
» ruine de notre ville.

» En conséquence, ils viennent vous demander de cesser
» des hostilités qui paraissent inutiles et qui ne peuvent que
» compromettre la vie et la fortune des habitants, d'après les
» menaces de bombardement qui leur ont été faites.

» La position faite à la ville par sa capitulation d'hier, ne
» lui permet plus de prendre aucune part à tout ce qui peut
» avoir trait à la résistance.

» Veuillez me faire connaître vos intentions en nous accu-
» sant réception de la présente et nous la retournant.

» Recevez, etc.

» Le maire,

» Babey. »

Le commandant supérieur répondit :

« Fort St-André, 28 janvier 1871.

» Monsieur le maire,

» En réponse à votre lettre d'hier soir, 27 du courant, que
» j'ai l'honneur de vous retourner; le conseil de défense en-
» tendu, je décide qu'il ne sera pas tiré un coup de feu sur la
» ville, mais que ses approches, pour le passage, seront dé-
» fendus à outrance par les forts, pour empêcher les colonnes
» prussiennes de se porter sur l'armée du général Bourbaki
» par Levier.

» J'écris au capitaine Brichard, commandant le fort Belin,
» de se conformer à ces instructions.

» Recevez, etc.

» Le Chef d'escadron d'artillerie, commandant
» supérieur des forts de Salins,

» Signé : J. Fouleux. »

La lettre du commandant supérieur au capitaine Brichard ayant été portée au fort Belin par un agent de la municipalité qui demandait une réponse directe et immédiate, le capitaine écrivit à la ville :

» Salins, fort Belin, 28 janvier 1871.

» Citoyens municipaux,

» Le chef d'escadron, commandant l'artillerie, me com-
» munique une adresse déplorant la continuation des hostilités,
» laquelle adresse a été signée avec un ensemble édifiant par
» les notables de la ville de Salins.

« Je vous répète ce que je vous ai déjà dit, au moment où
» la sommation de capituler m'a été faite ; quand même les
» lois militaires ne m'imposeraient pas d'autres devoirs qu'à
» vous, mon patriotisme et l'intérêt de la défense nationale
» m'indiquent d'une manière fixe et certaine, quelle règle de
» conduite je dois tenir. Je suis parfaitement résolu à mitrail-
» ler toute colonne allemande, qui se présentera tant aux ap-
» proches de la ville, que dans les endroits découverts, comme
» la place Aubarède et l'intervalle qui existe entre les deux
» faubourgs.

» Déjà, dans la journée du 26, au moment où la munici-
» palité arborait le hideux emblème de la capitulation, j'ai
» dû faire violence à mes sentiments en m'abstenant de mi-
» trailler la brigade prussienne qui, rangée sur la place de
» l'Hôtel-de-Ville, faisant retentir l'air de ses hourras et dont
» la musique jouait le chant allemand : la *Sentinelle du Rhin.*

» Je crois d'ailleurs que vous vous faites une fausse idée
» des lois militaires et des règles du droit des gens, en ce qui
» concerne Salins, ville ouverte, et les deux forts qui sont
» postes indépendants.

» Je connais ces lois et le général prussien a prouvé qu'il

» les connaissait aussi en s'abstenant de tout dégât et de toute
» violence inutile et odieuse.

» L'ennemi a évacué la ville hier matin, en conservant le
» drapeau blanc sur l'Hôtel-de-Ville, vous avez l'air de conti-
» nuer à fonctionner sous l'autorité prussienne. Je vous invite
» à arborer immédiatement le drapeau de la République fran-
» çaise

» Salut et fraternité.

» *Le Capitaine d'artillerie commandant le fort Belin,*

» Signé : Brichard. »

La lettre suivante fut envoyée en même temps à la ville :

« Citoyens municipaux,

» J'ai l'honneur de vous inviter à me remettre les deux ca-
» nons de 4 rayés de montagne qui vous avaient été livrés
» pour la défense de la ville, et qui ont été enterrés dans un
» fumier.

» Vous voudrez bien me remettre aussi les caisses de pro-
» jectiles qui accompagnaient ces canons.

» Salut et fraternité.

» *Le Capitaine commandant le fort Belin,*

» Signé : Brichard. »

Ces deux lettres furent remises à la municipalité par le maréchal-des-logis Claudet, accompagné de 20 hommes en armes, et chargé de recevoir les deux canons précités et ayant
pour instruction formelle d'employer, s'il était nécessaire, la
force pour les obtenir.

La municipalité ayant opposé un refus formel et même menaçant, les portes du local renfermant les projectiles furent enfoncées, et canons et munitions ont été amenés au fort Belin.

Le capitaine Brichard répondit ensuite ce qui suit au commandant Fouleux.

Fort Belin, 28 janvier 1871.

« Mon commandant,

» J'ai pris bonne note de vos instructions pour le cas ou
» l'ennemi, chercherait de nouveau à forcer le passage.

» Mais, mon commandant, tout cela dépend encore des cir-
» constances. Il est certain que si l'ennemi se fortifiait dans
» un point quelconque de la ville de Salins, pour résister à une
» attaque française, je ne me ferais aucun scrupule de l'en
» dénicher.

» Je fais saisir en ce moment les deux canons de montagne,
» les armes et les munitions qui sont restés à Salins, etc.

» Veuillez agréer, mon commandant, etc.

» *Le Capitaine d'artillerie commandant le fort Belin,*

» Signé : Brichard. »

Le fort Belin ayant des vues sur la ville beaucoup plus étendues que le fort St-André, il est évident qu'il pouvait, sans crainte pour les propriétés, mitrailler l'ennemi dans les endroits découverts; et puis enfin, s'il l'avait fallu absolument.............

Le 29 janvier, le temps étant clair, on pût voir les postes Prussiens établis tout autour de Salins, hors de la portée du canon. Dans l'après-midi on signala une colonne ennemie allant de la Chapelle à Yvrey et Saizenay. Elle essaya de monter du canon sur le mont Poupet, mais 20 chevaux attelés à une pièce, ne purent en venir à bout à cause de la neige et du verglas.

Dans la nuit, des détachements Prussiens vinrent en ville, en frappant à coup de crosses, aux portes des maisons où il y avait de la lumière et proférant des menaces. A l'ambulance établie chez le curé de Notre-Dame, un cavalier demanda à parler à un Prussien blessé qui s'y trouvait. Celui-ci se mit à la fenêtre, échangea quelques paroles, et le cavalier repartit.

Nous avons appris, mais un peu plus tard, que dans cette même journée du 29, cinq ou six batteries prussiennes étaient établies sur les hauteurs depuis Ivory jusqu'à Cernans. A Ivory les canons avaient déjà été mis en position derrière un mur que l'on devait creneler pour battre les forts. Mais aucune attaque n'eut lieu.

Les garnisons des forts n'avaient pas touché de solde depuis un mois, le commandant supérieur réquisitionna la ville pour une somme de 14.000 francs en numéraire. Grâce à M. Mazaroz, percepteur, et à M. Gadant, receveur des domaines, cette partie importante du service put se rétablir et fonctionner à peu près régulièrement dans la suite.

Le capitaine Brichard fit saisir chez un charron de la ville les affûts inachevés des canons de la garde nationale et les fit monter au fort Belin, où on les mit à peu près en état de servir.

Le 30 janvier, vers midi 1[2, un parlementaire Prussien, M. le comte Puckler, chef d'escadron de cavalerie, se présenta au fort St-André porteur de la pièce suivante :

« Un armistice de 21 jours a été signé le 27, j'en ai reçu
» ce soir la nouvelle officielle ; en conséquence faites cesser
» le feu et informez l'ennemi, suivant les formes voulues à la

» guerre, que l'armistice existe et que vous êtes chargé de le
» porter à sa connaissance (1).

» Pontarlier, le 29 janvier 1871.

» *Le Général en chef,*

» Signé : CLINCHAMP.

» Pour copie conforme :

» *Le Colonel commandant le 5ᵉ régiment*
» *de lanciers prussiens,*

» Signé : DE BODE.

» Signé également par le COMTE PUCKLER,

» *Chef d'escadron, parlementaire.* »

D'après cela, après avoir discuté les détails de la position
des forts, le commandant supérieur rédigea la convention suivante, qui fut signée des deux partis :

« Le Chef d'escadron, commandant supérieur des forts de
» Salins, considérant qu'au moment où l'armistice a été connu
» des parties belligérantes, la ville de Salins n'était pas oc-
» cupée par les troupes prussiennes, déclare qu'il s'opposera
» à l'entrée en ville de ces troupes et qu'il ne cessera les hos-
» tilités qu'à la condition expresse que l'armée prussienne ne
» dépassera pas les avant-postes qu'elle occupait le 30 au
» matin. Il demande en outre à envoyer à Pontarlier un parle-
» mentaire français auprès du général Clinchamp, afin de

(1) Cette démarche est très curieuse, attendu qu'au même moment, les
Prussiens déclaraient à l'armée de Bourbaki, ou plutôt du général Clinchamp, que l'armistice ne s'appliquait pas aux belligérants de cette
région. Ainsi, ils se faisaient de cette circonstance une arme à deux
tranchants, d'un côté pour poursuivre plus sûrement les Français bat-
tant en retraite sur Pontarlier, de l'autre pour faire cesser le feu des
forts de Salins qui les gênait. Cette ruse grossière doit être flétrie,
car les questions d'armistice ou de trêve sont des questions d'honneur
et de loyauté militaires.

» connaître les conditions de l'armistice qui lui a été notifié
» aujourd'hui.

» M. le lieutenant Lebrun, du 1er régiment de zouaves, ac-
» compagnera M. le comte Puckler aux avant-postes prus-
» siens, pour être de là envoyé, comme parlementaire, à
» Pontarlier.

» Au fort St-André, le 30 janvier 1871.

> » *Le chef d'escadron, commandant supérieur des forts,*

> » Signé : J. FOULEUX.

> » Signé en ma présence par M. le commandant
> » des forts à St-André,

> » Signé : LE COMTE PUCKLER,

> » *Chef d'escadron au 5e régiment des lanciers.* »

Cette convention fut notifiée immédiatement au capitaine Brichard, commandant du fort Belin.

Le commandant supérieur envoya en même temps M. le capitaine Bruneau, du 1er zouaves, en parlementaire auprès du commandant des forces prussiennes qui bloquaient Salins au nord, pour lui donner connaissance de l'armistice et le prier de ratifier la convention qui venait d'être faite. On devait en cas de reprise des hostilités, se prévenir mutuellement.

M. le capitaine Bruneau revint à neuf heures du soir avec l'adhésion du colonel prussien qui était stationné à Marnoz.

Le 31 janvier, à neuf heures du matin, M. le lieutenant Lebrun, parti la veille avec M. le comte Puckler, revint de sa mission qu'il n'avait pu remplir. Arrêté aux avant-postes prussiens, il fut conduit de village en village, toute la nuit, au milieu des troupes ennemies, à la recherche du général Manteuffel, qu'il rencontra vers le matin. On lui avait bandé les yeux plusieurs fois pour lui faire traverser certaines lignes.

Il avait causé avec plusieurs officiers allemands qui tous avaient été très réservés. Cependant il en avait conservé l'impression que les forts de Salins devaient s'attendre à une attaque pour le jour même ou le lendemain. Le général Manteuffel lui dit enfin que l'armistice n'existait pas pour les départements du Doubs et du Jura et refusa de le notifier par écrit, disant que c'était inutile.

Il fallait donc se tenir sur ses gardes ; le fort Belin fut prévenu et un parlementaire fut envoyé au colonel Prussien stationné à Marnoz pour l'informer du dire du général Manteuffel.

Dans la soirée cependant, on eut connaissance d'un imprimé rapporté de Besançon et signé : Jules Favre et Gambetta, annonçant l'armistice général pour toute la France. Cet imprimé était-il officiel? On n'en sut rien.

Le lendemain 1ᵉʳ février, un autre imprimé rapporté de Lons-le-Saunier par un habitant de Salins qui avait pu traverser les lignes prussiennes, fut remis au commandant supérieur. Il était conçu en ces termes :

« La délégation gouvernementale établie à Bordeaux qui
» n'avait jusqu'ici, sur la négociation entamée à Versailles,
» que des renseignements fournis par la presse étrangère , a
» reçu cette nuit le télégramme suivant, qu'elle porte à la
» connaissance du pays dans sa teneur intégrale.

« Versailles 28 janvier, 11 h. 15 du soir.

» Jules Favre, ministre des affaires étrangères à délégation
» à Bordeaux.

» Nous signons aujourd'hui un traité avec Bismarck. Un
» armistice de 21 jours a été conclu et une assemblée consti-
» tuante est convoquée à Bordeaux pour le 15 février.

» Faites connaître cette nouvelle à toute la France. Faites

4

» exécuter l'armistice et convoquer les électeurs pour le 8
» février.

» Un membre du gouvernement va partir pour Bordeaux.

» Signé : J. Favre. »

Un décret qui sera ultérieurement publié fera connaître les mesures prises pour assurer l'exécution des dispositions ci-dessus.

Signé : Ch. Laurier. (1)

Voulant sortir de l'incertitude où l'on se trouvait dans les forts de Salins, le commandant supérieur envoya le capitaine Bruneau au quartier général Prussien, avec le document ci-dessus.

Dans la soirée, des fuyards français de tous corps, se disant prisonniers évadés de Lemuy, où ils avaient été enfermés dans l'église, vinrent se réfugier à Salins. Plusieurs voulaient monter dans les forts, mais les approvisionnements en vivres n'ayant été faits que pour 500 hommes, chiffre normal de la garnison des deux forts, qui en contenaient alors près de 600, on dut leur refuser l'entrée.

Le 2 février, vers deux heures de l'après-midi, une quinzaine de uhlans descendirent par la route de Bracon et s'avancèrent jusqu'à l'entrée du faubourg. Les hommes de garde de l'avancée du fort St-André tirèrent dessus. Les uhlans prirent la

____

(1) Ce placard avait été réellement affiché dans toute la France. Ce même jour, 1ᵉʳ février, près Pontarlier, au pied du fort de Joux, un combat meurtrier, où tombaient 3,000 Prussiens et 700 Français, se livrait en présence de ces affiches. Les maires protestaient, ceints de leur écharpe, contre les hostilités dont le Jura continuait à être le théâtre. Et cependant les Prussiens étaient dans leur droit; l'armistice, par un article spécial, ne s'appliquait pas à cette région. Il est incompréhensible, que les signataires Français de cette convention, l'aient fait afficher sur le théâtre de la guerre dans l'Est, et en aient ordonné l'application à cette malheureuse armée, qui en était exclue et pour laquelle une heure de retard ou de fausse manœuvre pouvait devenir une catastrophe.

fuite au galop en traversant les terres labourées des Prés-du-Roi dans la direction de Pretin. Un cavalier tomba, un autre chancela, mais on vint ramasser celui qui était à terre et tous disparurent.

Le 3 février, à sept heures du soir, la lettre suivante fut rapportée par M. le capitaine Bruneau et remise au commandant supérieur.

« Quartier général Prussien, Pontarlier, 2 février 1871.

» Monsieur le commandant,

» D'après les ordres de son Excellence, M. le commandant
» en chef, je fais connaître, comme vous devez déjà le savoir,
» que les départements de la Côte-d'Or, du Jura et du Doubs
» sont expressément exclus de l'armistice conclu à Versailles.

» Cette circonstance ne doit cependant pas empêcher le
» commandant en chef de laisser les élections s'accomplir
» librement dans la partie de la France occupée par lui.

» Si vous désiriez qu'un armistice fut étendu à la ville de
» Salins, vous auriez des propositions à faire à ce sujet, dans
» lequel cas, il devrait être stipulé de laisser libre pour les
» deux partis, les communications à travers la ville de Salins,
» sans que pour cela nous puissions avoir de notre côté, pour
» prétention d'occuper, soit la ville elle-même, soit les forts.

» Si vous aviez à faire des propositions de ce genre, vous
» voudriez bien envoyer un de vos officiers avec pleins pou-
» voirs au quartier général.

» Avec la considération la plus distinguée.

» Signature illisible.

» *Colonel et chef d'état-major de l'armée allemande de l'Est.* »

Le commandant supérieur réunit aussitôt le conseil de défense et la question d'un armistice pour la ville fut discutée.

Depuis longtemps, on n'avait aucune communication officielle de l'autorité française, on ne savait positivement rien sur le sort de l'armée de Bourbaki. Laisser le passage libre à l'ennemi n'était donc pas prudent, il fut résolu de ne renvoyer personne au quartier général Prussien et d'attendre les événements.

Le capitaine Brichard auquel on envoya aussitôt connaissance de la lettre ci-dessus, et dont l'avis fut demandé sur la décision prise, répondit :

« Fort Belin, 4 février 1871.

» Mon commandant,

» En réponse à votre dépêche, j'ai l'honneur de vous don-
» ner mon avis au sujet de la position dans laquelle nous
» nous trouvons.

» 1° Il y aurait des inconvénients graves à envoyer de nou-
» veau des parlementaires au quartier général Prussien; ce
» serait manifester une inquiétude et une hésitation qu'en
» réalité nous n'éprouvons pas. Il vaut donc mieux attendre
» les événements.

« 2° Il y aurait lieu de décliner toute ouverture concernant
» un armistice séparé pour la ville de Salins. Nous devons
» hautement nous en tenir à l'armistice général, et, si ces
» conditions nous sont refusées, nous devons continuer à
» combattre. Je crois que cette exception de trois départe-
» ments dans l'armistice conclu entre les deux nations, n'est
» autre chose qu'une fourberie du général prussien, qui vou-

» drait bien avoir le passage de Salins pour la facilité de ses
» mouvements. (1)

» Ayant été exclus de l'armistice, nous agirons en belligé-
» rants jusqu'à ce qu'il plaise à ces messieurs de laisser par-
» venir jusqu'à nous, la notification de ce qui aura été décidé
» en haut lieu.

» Vous reconnaîtrez, mon commandant, que ces détermi-
» nations sont les mêmes que celles que vous exposez dans
» votre dépêche.

» Veuillez bien agréer, etc.

» *Le capitaine commandant le fort Belin,*

» Signé : BRICHARD. »

Le chef d'état-major Prussien avait dit à M. le capitaine
Bruneau que l'armée de Bourbaki était, partie prisonnière,
partie en Suisse ; qu'ils auraient voulu avoir le passage de
Salins ; que notre défense avait retardé de quatre jours leurs
mouvements, mais enfin qu'ils ne voulaient pas perdre leur
temps à s'emparer des forts, puisqu'ils avaient trouvé d'autres
passages.

A Pontarlier, le capitaine Bruneau entendait le canon du
fort de Joux et aurait voulu savoir ce qui se passait ; mais
l'officier prussien le retint, le fit déjeûner avec lui, triste déjeûner, composé seulement de bouilli froid. Le Prussien ra-
conta qu'il leur tardait de quitter les neiges de ces hauts
plateaux, qu'ils voulaient en terminer au plus vite avec notre
armée de l'Est, afin de laisser l'armistice s'étendre sur toute la
France.

Enfin il fit reconduire le capitaine sans l'avoir laissé com-

(1) M. le capitaine Brichard était dans l'erreur.
La fourberie avait eu lieu au contraire quand l'ennemi avait une première fois dénoncé aux forts cet armistice dont ils étaient exclus.

muniquer avec la ville et sans avoir vu le général en chef.

En route, M. Bruneau rencontra trois corps d'armée allemands qu'il estima à 30 ou 40,000 hommes, ces troupes paraissaient se diriger sur Lons-le-Saunier.

Le commandant supérieur écrivit au colonel commandant la subdivision à Lons-le-Saunier, pour l'informer de tous ces faits. Mais la lettre est-elle arrivée?...

Vers les dix heures du matin de ce même jour, un convoi de voitures allant à Champagnole, escorté par 50 ou 60 Prussiens en armes, descendait la route de Cernans à Salins par erreur. Le fort Belin envoya quelques obus sur ce convoi au moment ou la tête de colonne arrivait dans le faubourg. Le convoi et l'escorte firent demi-tour et rétrogradèrent vivement, sauf deux voitures qui continuèrent leur marche, et arrivèrent en ville.

Le capitaine Brichard envoya immédiatement un détachement qui s'empara de ces deux voitures et les fit monter à Bas-Belin. Ces deux voitures renfermaient une douzaine de colis d'effets d'habillements prussiens neufs, pantalons et tuniques. Un cheval fut également capturé.

Quelques jours après, des pourparlers ayant eu lieu au sujet de ces colis, ils furent échangés contre mille pantalons rouges neufs, capturés par les Prussiens. Nos soldats, dont les vêtements étaient dans un état piteux, eurent par ce moyen des pantalons convenables.

Dans l'après-midi du 4 février, un officier parlementaire Prussien stationné à Marnoz, vint de la part du colonel commandant les troupes qui bloquaient Salins au nord, proposer au commandant supérieur, en attendant que la question de l'armistice fut réglée définitivement, de rester dans les termes de la convention signée par eux le 30 janvier; promettant de ne pas dépasser les avant postes qu'ils avaient à St-Michel, Marnoz et Aiglepierre et de prévenir en cas de nouveaux ordres du général en chef, pour la reprise des hostilités. Mais rien ne fut stipulé pour le côté sud de la ville, dont cet officier n'avait pas la surveillance.

Cette proposition fut acceptée.

Le 5 février, vers midi, des Prussiens descendirent par petits groupes des hauteurs d'Ivory vers la grange Cavaroz. Le fort Belin leur envoya quelques balles qui les firent disparaître, mais à chaque instant il en revenait et la fusillade dura jusques vers quatre heures du soir. A ce moment un groupe plus nombreux paraissant, le fort St-André envoya un obus qui les mit définitivement en fuite.

Dans la soirée, le maire envoya au commandant supérieur copie d'une dépêche de Bordeaux en date du 1er février, donnant des détails sur l'armistice et disant que les opérations militaires du Jura continueront jusqu'au moment où on se sera mis d'accord sur la ligne de démarcation qui doit être tracée entre les parties belligérantes.

Dans la même soirée, le commandant supérieur fut prévenu que des troupes prussiennes voulaient forcer le passage de la ville pendant la nuit, par le côté sud.

Le fort Belin fut informé.

Mais la nuit fut tranquille, seulement on vit beaucoup de lumières aller et venir sur le plateau d'Ivory.

Le 8 février les élections eurent lieu dans chaque fort et dans la ville.

Le 10, deux cents Français blessés ou malades, renvoyés de l'ambulance d'Ornans par le général Prussien, dans la direction de Lyon, arrivèrent à Salins sans solde et sans vivres; leur laisser passer allemand les adressait *au général Prussien commandant à Salins,* avec mission de leur faire continuer leur route. Ce fut le commandant de place qui les reçut,

ils furent logés et nourris par la ville et repartirent le lendemain.

Le 12 février au petit jour, une cinquantaine de cavaliers
Prussiens et quelques fantassins, descendirent du plateau
d'Ivory sur la grange Cavaroz. Un obus envoyé du fort Saint-
André, avec beaucoup de justesse, les fit remonter au plus
vite : mais la côte étant raide et assez longue, on eut le temps
de leur en envoyer deux ou trois autres avec succès. Le
fort Belin tira également trois ou quatre obus avec les petits
canons de la garde nationale, mais ces projectiles éclatèrent
avant d'arriver au but.

Le 15 février un officier parlementaire Prussien apporta au
commandant supérieur le télégramme suivant :

« Général de Werder. — Dole.

» Armistice étendu à l'armée du Sud et reddition de Belfort,
» ont été stipulés à Versailles.

» Des stipulations plus précises suivront.

» Invitation à ordonner immédiatement la cessation de
» toute hostilité. Le général de Treskow est prévenu directe-
» ment.

Signé : Comte WARTENSLEBEN.

Il fut répondu immédiatement :

» Le commandant des forts de Salins a l'honneur d'accuser
» réception du télégramme du comte Wartensleben, relatif à
» l'extension de l'armistice à l'armée du Sud : télégramme qui
» lui a été communiqué le 15 février par M. le major Held,
» du 4ᵉ régiment d'infanterie. Il respectera cet armistice tant
» que les troupes prussiennes ne dépasseront pas leurs avant
» postes, placés en dehors de la portée du canon des forts.

Le Commandant supérieur des forts de Salins,

Signé : J. FOULEUX.

Le 16 février, la dépêche suivante arriva au commandant supérieur par l'entremise d'un officier Prussien.

« Quartier général de Dijon, 13 février 1871.

» D'après un ordre du grand quartier général de Versailles,
» arrivera la nouvelle de la capitulation de Belfort à qui tous
» les honneurs militaires sont accordés.

» On suppose que la garnison de Belfort est de 15 à 16,000
» hommes. Deux routes d'étapes ont été prises, en dehors de
» Besançon, pour faire arriver cette troupe au département
» de Saône-et-Loire, par échelons de 1,000 hommes.

» Suit le détail de ces étapes.

» Pour assurer la nourriture et le logement des troupes
» françaises, le 14ᵉ corps d'armée dans le département du
» Doubs, le 2ᵉ dans le Jura, ont reçu l'ordre d'envoyer de suite
» des officiers avec de petits détachements pour faire tous les
» arrangements nécessaires, etc., etc.

Signé : de Manteufel. »

Et Salins était cité comme gîte d'étape.
Le commandant supérieur répondit immédiatement :

» Fort St-André, 16 février 1871.

» Général,

» Je reçois avis que des détachements de votre corps doi-
» vent venir occuper Salins, pour assurer la nourriture et le
» logement des troupes françaises venant de Belfort. J'ai
» l'honneur de vous prévenir que la ville de Salins se char-
» geant de pourvoir elle-même aux besoins de ces troupes,
» l'intervention de l'autorité prussienne devient complétement
» inutile.

» Les hostilités étant suspendues par suite de l'armistice,

» les troupes prussiennes doivent, comme précédemment , se
» tenir en dehors de la portée du canon des forts. Dans le cas
» où elles dépasseraient ces limites, n'importe sous quel pré-
» texte, je me verrais obligé de reprendre les hostilités.

» Recevez, général, etc.

» *Le Commandant supérieur.*

» Signé : J. Fouleux. »

Malgré cela, le commandant supérieur accorda à une compagnie d'infanterie prussienne de traverser la ville pour aller
à Frasnes, ravitailler les troupes françaises venant de Belfort ;
l'officier ayant fait observer qu'il n'arriverait pas à temps si
ce passage lui était refusé. Le fort Belin et la ville furent pré-
venus et le passage s'effectua dans le plus grand calme, le lendemain 17.

Le 18, cinquante voitures de réquisition amenaient à Salins
370 blessés français, sans solde et sans vivres.

A 6 heures du soir, il en arrivait encore 150.

Les habitants de Salins logèrent et nourrirent ces malheureux soldats.

Le 19, deux cavaliers prussiens de correspondance proba-
blement, au mépris des conventions établies, passèrent à
portée de fusil du fort St-André. On leur tira dessus sans les
atteindre. Ils partirent au galop.

Jusqu'à ce jour, depuis le 26 janvier, on n'avait eu aucune
dépêche de l'autorité française, ni aucune réponse aux lettres
envoyées. Enfin dans la soirée arriva la lettre suivante, datée
de Besançon, le 18 :

« Commandant :

» Le rapport que vous m'avez adressé sur les événements

» qui se sont passés à Salins dans les dernières journées de
» janvier, ne m'est parvenu que le 15 février.

» Vous avez fait preuve dans cette circonstance de fermeté
» et d'énergie, je vous en félicite et vous prie d'exprimer aux
» troupes que vous commandez, la satisfaction que j'ai éprou-
» vée en apprenant la manière dont elles se sont conduites.

» Je serais heureux de signaler au ministre les noms des
» officiers, sous-officiers et soldats qui se sont distingués. Je
» vous prie donc de m'adresser, pour ceux que vous jugerez
» avoir le plus de droits à une récompense, des mémoires de
» proposition réguliers pour la décoration ou pour l'avance-
» ment.

» Je vous préviens officieusement que la garnison de Bel-
» fort, qui en vertu d'un article de la reddition de cette place,
» se retire avec armes et bagages, doit passer par Salins.

» Ces troupes doivent être accompagnées par des officiers
» Prussiens, chargés de leur direction. Vous aurez probable-
» ment à vous entendre avec eux pour assurer leur passage.

« Ci-joint copie des conventions concernant l'armistice qui
» est prolongé jusqu'au 24, à midi.

» *Le Général commandant supérieur de la*
» *7e division militaire,*

» Signé : ROLLAND. »

D'après ces conventions, les forts de Salins devaient avoir à
leur disposition autour d'eux, une zône de trois kilomètres,
au delà de laquelle il y avait une zône neutre également de
trois kilomètres.

Les chefs de corps furent invités à envoyer leurs états de
proposition au commandant supérieur, qui les transmit au
général après les avoir approuvés.

Le capitaine Méraux, proposé pour officier de la Légion d'honneur, refusa cette distinction en faveur du lieutenant Prétet qui avait été blessé le 25 janvier. Ce trait de désintéressement d'un brave officier mérite citation.

Le 20 février, le commandant supérieur recevait du général Prussien commandant le 2ᵉ corps d'armée à Poligny, réponse à sa lettre du 16. Ce général renonçait à faire accompagner à Salins les troupes de Belfort par des détachements Prussiens.

Puis, du général de division Von Hartmann, stationné à Mont-sous-Vaudrey, la proposition d'admettre comme avant-postes allemands, hors de la zône neutre des forts de Salins, les villages ci-après :

> Mouchard.
> La Chapelle.
> Dournon.
> Lemuy.
> Pont-d'Héry.
> Chilly-sur-Salins.
> Mesnay.
> Les Arsures.

Les troupes allemandes profiteraient des routes de Mouchard à la Chapelle, dans la direction de la Grange-de-Vaivre, de Mouchard à Arbois, d'Arbois à Mesnay, de Chilly à Pont-d'Héry, de Pont-d'Héry sur Lemuy et Dournon.

Ces propositions furent acceptées et la convention signée.

Malgré ces conventions, des soldats prussiens dépassèrent souvent la zône neutre et vinrent même jusqu'à dans la ville pendant la nuit. Les sentinelles des forts avaient la consigne, même après la signature des préliminaires de la paix, de tirer dessus.

Un major qui avait été autorisé par le commandant supérieur à traverser la zône neutre avec sa compagnie, apporta à

Salins la nouvelle de la signature de ces préliminaires. L'armistice était prorogé jusqu'au 12 mars, et dans le cas de reprise des hostilités, les partis devaient se prévenir trois jours à l'avance.

Le major fut prévenu de la consigne donnée aux sentinelles.

Mais le 5 mars, un officier prussien venant en parlementaire avec trois cavaliers, négligea de prendre le drapeau blanc. Aussitôt qu'il fut à portée du chassepot, une sentinelle du fort St-André lui envoya une balle qui faillit tuer son cheval. Il fit aussitôt demi-tour, et fixant son mouchoir blanc à un échalas, il revint remplir sa mission, avouant qu'il avait mérité la leçon.

Deux jours après, on fut informé que des soldats Prussiens venaient le soir dans des fermes voisines des forts, exiger du vin. Il y avait encore au fort St-André deux ou trois canons chargés. On les tira vers neuf heures et demie du soir pour éloigner ces maraudeurs, qui effectivement ne reparurent plus. Ce furent les derniers coups de canon que Salins entendit.

Depuis, deux sous-officiers Prussiens vinrent un dimanche en voiture à Salins, ramenant un artilleur du pays qui avait fait quelques libations avec eux à Mouchard. La population s'ameuta et, forcés de repartir, les enfants du pays reconduisirent les Prussiens à coups de pierres. Pour éviter de semblables conflits, l'autorité militaire écrivit au général Prussien à Dôle, lequel répondit que ces sous-officiers seraient punis.

Enfin, des officiers Prussiens demandèrent à aller visiter la source du Lison, en passant par Salins. On leur conseilla de se mettre en bourgeois, de garder l'incognito et de ne pas s'arrêter à Salins, les Salinois n'aimant pas décidément les Prussiens. Malgré cela, il est certain que plusieurs Prussiens de l'armée sont venus depuis à Salins.

La guerre était finie, Salins n'avait pour ainsi dire pas eu à en souffrir. Mais que de malades et de blessés vinrent implorer la générosité des habitants. Déjà plus de 600 étaient passés sans solde et sans vivres. Le 2 mars il en arrivait 280, le 3, 200, le 7, 210, le 8, 70, etc. Ces malheureux pour la plupart n'avaient presque rien en fait de linge et de vêtements, ils étaient rongés par la vermine, plusieurs avaient les pieds gelés et ne pouvant aller plus loin, entraient dans les nombreuses ambulances établies de tous côtés (1), beaucoup y mouraient. Mais combien furent sauvés par le dévouement et les bons soins des dames de la ville qui, non contentes de remplir auprès d'eux les fonctions les plus pénibles, leur procuraient tous les soulagements imaginables, et fournissaient encore aux besoins de la route à leur départ.

Les sœurs de l'hôpital furent admirables de dévouement.

Les habitants les plus pauvres, partagèrent leur pain avec ces malheureux débris de notre armée. Aussi tous en partant emportèrent un bon souvenir de leur passage à Salins, dont le vin généreux les avait reconfortés, quand ils n'en avaient pas fait abus.

Les villages voisins furent souvent obligés aussi de recevoir de ces détachements, et quoiqu'ils eussent été pour la plupart fortement réquisitionnés par les Prussiens, peu de soldats furent obligés de manger le biscuit et les vivres de campagne qui leur étaient fournis par l'administration.

Cependant les ambulances ne désemplissaient pas, beaucoup de militaires parfaitement rétablis auraient pu continuer leur route, mais se trouvant bien à Salins, ils ne demandaient

---

(1) Les ambulances qui furent organisées en juillet 1870 par les soins de l'administration municipale d'alors, furent soutenues par les souscriptions faites à cette époque par cette même administration et par le journal LE SALINOIS. Ces ambulances fonctionnèrent sous la direction de M. Toubin, ancien pharmacien.

pas à partir; d'un autre côté, comme ils soulageaient beaucoup les dames des ambulances, en remplissant les fonctions d'infirmiers, on trouvait toujours un prétexte pour les retenir. La petite vérole faisait alors des ravages et le typhus était à craindre.

Le général de division fut prévenu, et le 5 mars il envoyait à Salins un sous-intendant, un chirurgien et un officier d'administration pour faire évacuer les ambulances. Au bout de quelques jours il ne restait plus guère que les malades de l'hôpital.

Dès les premiers jours de février le commandant supérieur dans la prévision que les vivres pourraient manquer, avait écrit à la délégation du Gouvernement à Bordeaux. La ville et les forts étaient étroitement bloqués, rien n'y entrait, et les villages voisins fortement réquisitionnés, venaient chercher à Salins les provisions dont ils avaient besoin. On avait aussi écrit au général à Besançon pour qu'une convention fut passée avec l'autorité prussienne, afin que le ravitaillement fut rendu possible. Mais ces lettres étaient-elles arrivées à destination? C'est ce que l'on ne savait pas.

Le commandant supérieur fit mettre des postes à l'entrée de la ville et fit publier, le 15 février, que les grains, les farines, le foin et la paille ne pourraient plus être exportés.

2,000 hommes de l'armée de Belfort devaient arriver le 24 à Salins et y séjourner, en même temps 3,000 de cette même armée devaient loger à Saizenay, Clucy, Pagnoz, Aiglepierre, Marnoz et St-Michel. Ces troupes devaient repartir le 26 dans la direction d'Arbois. Il fallait préparer des vivres pour tout ce monde.

Mais le 13 au soir, on fut prévenu qu'au lieu de 5.000 hommes il n'en arriverait plus que 2,350 avec 60 chevaux.

Puis le 27 il en arriva 1.200 sans que l'on fut prévenu,

heureusement, le Gouvernement français, par les soins de la légation française de Berne, nous avait fait parvenir 80 sacs de farines, 80 sacs de riz, 54 de café, 145 pains de sucre, 1,300 kilg. de viande salée, 5,000 kilg. de biscuit, et chose à remarquer pour Salins, 10 sacs de sel.

D'après une convention passée entre le général commandant la division à Besançon et le général Prussien commandant à Poligny, le ravitaillement de la ville étant autorisé, ces vivres avaient pu arriver sans encombre.

M. le capitaine Halter du 1er zouaves, envoyé sous le couvert du drapeau parlementaire à Besançon, avait pu également faire arriver 4 barils de cartouches chassepot jusqu'à Ivrey, où le maréchal-des-logis-chef Bergier alla les chercher, non sans risques.

L'autorité prussienne changea, à partir de Salins, l'itinéraire des troupes de Belfort, qui durent aller passer par Champagnole ainsi que les malades évacués.

Dans tous ces passages de troupes, qui la plupart du temps ne furent pas annoncés, le commandant de place et la municipalité eurent fort à faire et l'on doit remercier principalement MM. Laroue, Bérard et Chaffesey, des peines qu'ils se sont données.

M. le chef de bataillon Petitjean, commandant du génie, qui était parti de Salins le 26 janvier pour la destruction des ouvrages d'art du chemin de fer de Dole à Pontarlier, n'avait pu remplir cette mission, la voie ferrée étant déjà au pouvoir de l'ennemi. A Pontarlier il avait reçu ordre de monter au fort de Joux.

Et le 26 février seulement il rentrait au fort Saint-André où il reprit son service, qu'heureusement M. Bieuville, garde du génie, n'avait pas laissé en souffrance. Au fort Belin, le garde du génie, M. Taponnot, quoique très malade, ne voulut pas laisser son poste vacant, pendant l'invasion, il monta s'enfermer avec les défenseurs. Plein d'énergie, il fit son service et résista longtemps, mais à la fin de février on fut obligé de le descendre à l'hôpital où il mourut le 4 mars.

M. le commandant Petitjean assista et prit une part active aux opérations du fort de Joux, dont le récit suivant pris dans une lettre particulière du garde d'artillerie, M. Wagner, donnera une idée.

« Les 27 et 28 janvier, la retraite de l'armée de l'Est commence, se dirigeant vers Mouthe, par les routes de la Gauffre et Oye.

« Le 29, par ordre du général commandant le 24ᵉ corps, je reçois 6 pièces de 12 rayées de campagne sur affûts et plusieurs caissons de munitions. Je laisse 3 pièces en dehors du fort, sur la rampe, pour battre le tournant de La Cluse, j'en mets une au bastion 13, pour tirer au besoin sur la route des Verrières et les deux autres dans la 3ᵉ enceinte.

» Le général du génie, Séré de Rivières, avec un lieutenant-colonel et un capitaine, vient visiter le fort. J'insiste énergiquement auprès du général pour que l'on envoie des canonniers et des sapeurs, faisant comprendre que ce n'est pas avec une centaine de moblots, dont 20 ou 30 au plus ont manœuvré l'artillerie, que l'on peut défendre les forts. On me promet de faire son possible.

» Le 30, je fais mettre des gabions remplis de neige devant les 3 pièces de 12 de la rampe, pour les masquer. Le soir à 6 heures arrive une demi compagnie du génie avec un sous-lieutenant. — Et à minuit arrive, par ordre du général en chef, le chef d'escadron d'artillerie Ploton, pour prendre le commandement supérieur des deux forts, et la 7ᵉ compagnie des *Canards du Rhin*, les pontonniers, mes anciens camarades, 90 hommes, commandés par le capitaine Fini et le sous-lieutenant Huin. Nous étions sauvés.

« Le commandant Ploton passe le reste de la nuit à visiter avec moi les pièces, les munitions et les magasins, s'installe chez le commandant de place et donne ses ordres.

« Le 31, au matin, le commandant Ploton visite le fortin du Larmont ; le capitaine Giscler arrive avec l'autre moitié de la compagnie du génie venue la veille. Un sergent et vingt hommes sont envoyés au Larmont, arrive ensuite une section de deux pièces de 8 rayées de campagne, commandées par M. Dussand, sous-lieutenant d'artillerie de marine, avec deux sous-officiers et seize servants. Ce personnel est envoyé de suite au Larmont et les deux pièces de 8 ajoutées aux trois de 12, déjà placées sur la rampe à l'entrée du fort de Joux.

« Le commandant Ploton fait élever pour ces cinq pièces des parapets en neige, arrosés d'eau, par couches successives, pour former un épaulement en glace.

« La route de Pontarlier jusqu'au Frambourg est encombrée de voitures d'artillerie, de réquisition, etc., etc. Les hommes ne peuvent plus suivre, les chevaux attelés crèvent sur la route que l'on peut à peine traverser.

« Quel triste et désolant spectacle de voir fuir tout ce monde dans le plus grand désordre et n'obéissant plus à personne. Tous cherchent à se réfugier en Suisse, en passant soit par les Verrières, soit par la route des Fourgs ou par celle de Jougne.

« Dans la soirée, la débandade était générale ; elle se continua toute la nuit et le lendemain matin, 1er février.

« Vers dix heures du matin, on entend du côté de Pontarlier la fusillade qui s'engage et qui devient de plus en plus forte. Les fuyards accélèrent leur marche, mais des troupes mieux conduites se massent au tournant de la Cluse et tiennent tête à l'ennemi. Vers une heure, des obus prussiens tombent sur le fort, percent les toitures, ou éclatent contre les murs. L'ennemi a mis en batterie trois pièces habilement dissimulées par l'encombrement des voitures abandonnées sur la route. Il n'y a plus à hésiter ; le fort répond par toutes les pièces tournées de ce côté et par la fusillade des sapeurs du génie et des moblots disponibles placés derrière les créneaux. Nos troupes en retraite, se voyant protégées par les canons des forts, reprennent courage, font fuir les Prussiens et reprennent position au tournant de la Cluse. Un canon Prussien est démonté et les deux autres sont emmenés.

« Vers trois heures et demie, la fusillade recommença sur les pentes du Larmont, du côté de Pontarlier. Les tirailleurs Prussiens essayaient de tourner les hauteurs du Larmont pour s'emparer du fortin et couper la retraite de ceux qui prenaient la route des Verrières. Arrivés à 200 mètres du fortin, ils furent reçus par la fusillade d'une vingtaine de mobilisés qui restaient avec leur lieutenant et les Prussiens reculèrent.

« Sur les 53 mobilisés qui gardaient le Larmont, 33 avaient trouvé le moyen de déserter le 1er au matin. Quels tristes défenseurs ! !

« Vers le soir, 40 hommes d'infanterie et leurs officiers, qui depuis le matin faisaient tête à l'ennemi, vinrent heureusement renforcer la garnison du Larmont.

« Pendant la nuit du 1er au 2, dans les deux forts, tout le monde resta à son poste de combat ; de quart d'heure en quart d'heure, un coup de canon ou de mortier fut envoyé sur toutes les hauteurs qui environnent les forts, de manière à empêcher l'ennemi de s'établir.

« Le 2 mars, vers neuf heures du matin, deux canons prussiens vinrent se remettre en batterie au tournant de la Cluse, protégés par un escadron de uhlans. Mais bien reçus par la canonnade et la fusillade des forts, ils disparurent bientôt.

« Dans l'après-midi de ce même jour, le commandant Ploton envoya faire des razzias de vivres et de munitions de toute
espèce dans les voitures abandonnées sur la route, depuis le
Frambourg jusqu'au tournant de la Cluse. Ces approvisionnements se continuèrent les jours suivants.

« Jusqu'au 8, il y eut chaque jour des tentatives faites
contre les forts par les Prussiens, mais ils furent toujours
repoussés.

« Du 8 au 10, il y eut suspension d'hostilités pour enterrer
les morts. — Le 10, les Prussiens quittaient Pontarlier. —
Puis vinrent l'armistice et la paix.

Cette lettre cependant a besoin d'une petite correction,
pour que le lecteur ne se fasse pas une idée fausse des com-
bats de La Cluse et du Larmont. Du haut du fort de Joux, on
s'est encore exagéré le désordre de cette retraite. A travers
cette cohue, chaque corps d'armée, chaque division, chaque
brigade avait conservé un noyau de fidèles combattants,
auxquels il faut rendre justice pour l'honneur de la France, et
qui, jusqu'à l'extrême frontière, songèrent à brûler leurs dernières cartouches. C'est ce qui explique comment cette affaire
a été si meurtrière pour les Prussiens, et les a empêchés de
tourner les forts par le Larmont, pour venir couper la retraite
aux Verrières, où ils auraient pu causer un horrible désastre
et prendre une masse considérable d'artillerie. La lettre pré-
cédente ne mentionne pas non plus le fait d'armes du régiment d'infanterie de marine de la réserve de l'armée de l'Est,
qui gravissant les hauteurs du Larmont du côté de la Suisse,
au moment ou les Prussiens croyaient surprendre le Fortin,
ouvrit sur eux son feu à bout portant, les combattit longtemps pied à pied et les repoussa complètement, ce que n'auraient pu faire les défenseurs de l'ouvrage.

Rendons à chacun ce qui lui est dû. Les forts de Salins et de Joux ont assuré la retraite de l'armée de l'Est, qui courait sans eux à un nouveau Sedan. Mais les souffrances de cette armée ont été inouies, et la bravoure, le dévouement, la discipline même y eurent des représentants jusqu'à la dernière heure.

La France les retrouvera un jour, ces fidèles soldats, et cette fois, ils lui apporteront la victoire.

Le 26 février, arrivèrent de Besançon les promotions suivantes pour la garnison des forts de Salins. Ces promotions étaient motivées non-seulement par la défense des forts, mais par des services antérieurs.

MM. le capitaine Guillerault, commandant la place, fut nommé major de place.

Le capitaine Halter du 1ᵉʳ zouaves, chef de bataillon.

Le lieutenant Lebrun   »   capitaine.

      »   Ferréol   »   »

Le s.-lieutenant Drouelle   »   lieutenant

      »   Ewald   «   »

Le s.-officier de Villiers de l'Ile Adam   sous-lieutenant.

      »   Touchard   »   »

      »   Fabre   »   » (1)

Le 8 mars arriva l'ordre de libérer.

1° Les hommes incorporés à l'armée active en vertu de la loi du 10 avril 1870 ;

2° Les gardes nationaux mobilisés repris pour l'armée active ;

3° Les engagés volontaires pour la durée de la guerre ;

4° Les hommes de la classe de 1863 ;

5° Tous les gardes nationaux mobilisés.

---

(1) Malheureusement nous avons appris que plusieurs des braves défenseurs de Salins avaient été tués, dès les premières affaires en Algérie.

En même temps arrivait l'ordre de faire descendre en ville, la majeure partie des effectifs, en ne laissant dans les forts, que les détachements nécesaires pour la garde, sans toutefois rien modifier à l'armement, jusqu'à nouvel ordre.

Le 11 mars, les hommes libérés partaient et le 12, les zouaves qui avaient si bien concouru à la défense des forts de Salins, recevaient l'ordre d'aller s'embarquer à Marseille pour aider à réprimer l'insurrection qui éclatait alors en Algérie.

La compagnie du 84ᵉ, commandée par M. le sous-lieutenant Benoît, alla tenir garnison au fort des Rousses, qui n'avait pas été visité par les Prussiens. Celle du 53ᵉ de ligne, commandée par le capitaine Milard, rejoignit son dépôt, et enfin la batterie d'artillerie de la garde mobile du Jura, qui avait fait tout l'armement des forts et qui avait si bien mitraillé les Prussiens, fut licenciée.

Il ne resta plus à Salins qu'un très faible détachement du 92ᵉ, c'est à peine s'il y avait assez d'hommes pour manœuvrer les ponts-levis des forts.

M. le capitaine Brichard, qui commandait le fort Belin et la batterie d'artillerie des mobiles du Jura fut nommé chevalier de la Légion d'honneur le 5 mai, ainsi que M. Compas, garde du génie en retraite.

MM. les sous-officiers Grand

Méraux

Bergier

Claudet

de la batterie des mobiles obtinrent la médaille militaire.

Ici se termine cette relation que l'on a tâché de rendre exacte et complète. Rien n'a été omis, dans l'espoir que le public et surtout les administrateurs et les militaires liront avec quelque intérêt les moindres péripéties de cet épisode et trouveront dans des détails minutieux en apparence, des enseignements utiles ; ils y verront peut-être une nouvelle preuve de tout ce qu'il faut de fermeté, de tact et de prudence pour concilier en présence de l'ennemi, le patriotisme et l'humanité, pour éviter les piéges, résister aux intimidations, remédier à la faiblesse et à l'isolement, et enfin ne jamais céder devant le découragement général, parce que, même dans la défaite, une courageuse attitude est encore un moyen de défense et sauve au moins tout ce que l'on peut sauver, ne fût-ce que l'honneur, ce bien précieux qui n'est pas toujours l'apanage de la victoire.

Mais à Salins, le résultat obtenu n'a pas été seulement un résultat moral ; l'armée Prussienne, massée autour de Mouchard, n'avait pas de route plus courte et plus praticable que celle de Salins pour marcher sur Pontarlier. Or, la présence des forts et leur résistance inattendue leur a fait perdre quatre jours en préparatifs, reconnaissances, attaque infructueuse et changement de direction. Ce temps d'arrêt du gros de l'armée Prussienne a été nécessaire pour la retraite de l'armée Française de l'Est et a compensé les funestes effets du malentendu de l'armistice dont cette malheureuse armée se trouvait excluc tout en ayant ordre officiel de s'y conformer.

FIN.

Au moment de mettre sous presse (août 1871) on nous communique la lettre suivante, adressée au commandant Fouleux, par un officier Prussien. Nous lui laissons son orthographe tudesque. Cette lettre peut être intéressante sous différents points de vue. La réponse se trouve dans la brochure qui précède.

» Le commandant du fort St-André près de Salins a fait, on

» ne peut pas mieux son *devoir* le 26 janvier 1871. Il nous a
» défendu le passage du défilé, il nous a contraint au détour à
» *Poutarlier*. Je lui en fais mon compliment. Cependant la
» guerre étant finie, je désirerais être informé si une de mes
» *grénades* a atteint le fort, ou si plutôt nous avons tiré tou-
» jours trop court. Ce n'est maintenant qu'une question pure-
» ment technique, et mon brave camarade et adversaire de ce
» temps-là, m'obligerait beaucoup en me faisant savoir la vé-
» rité sur ce point, sur lequel les opinions de mes officiers
» sont fort divisées.

» Signé : PETZEL,

» *Colonel commandant le régiment Poméranien d'artillerie*
   de campagne n° 2.

» Stettin (Prusse). »

Quoi qu'on ait dit, l'artillerie Prussienne n'a jamais été su-
périeure à l'artillerie française que par le nombre. Fiers de
nous avoir vaincus, l'amour propre des Allemands n'admet
pas le moindre échec ; ainsi le capitaine Prussien n'a jamais
voulu avouer qu'une de ses pièces avait été démontée par le
canon de St-André. Mais on sent d'après cette lettre, que les
artilleurs Prussiens ne sont pas plus habiles que nos cons-
crits ; aussi les canonniers de la batterie mobile du Jura qui
n'avaient jamais tiré un coup de canon, ont-ils toujours passé
à leurs yeux pour de vieux artilleurs.